Repères Hachette

GORIOT
DE BALZAC

Étude de l'œuvre

PAR
MARIE-ÈVE THERENTY

*ANCIENNE ÉLÈVE
DE L'ÉCOLE NORMALE
SUPÉRIEURE (FONTENAY),
AGRÉGÉE DE LETTRES MODERNES*

HACHETTE
Éducation

SOMMAIRE

Introduction — 3
Pourquoi lire *Le Père Goriot* aujourd'hui ? — 3

1. Le contexte immédiat — 5
Chronologie — 6
Écrire, penser et vivre en 1835 — 10
Biographie de Balzac — 13
L'œuvre dans l'histoire de son genre — 17

2. Le contenu de l'œuvre — 21
Résumés commentés — 22
Schéma narratif — 39

3. Les personnages de l'œuvre — 41
Portraits — 42

4. Les thèmes majeurs de l'œuvre — 49
Paternité — 50
Un roman d'éducation — 54
Paris — 57
Index thématique — 60

5. Le texte à l'examen — 69
Étude de texte — 70
Sujets d'entretien — 74

6. Lectures de l'œuvre — 85
Critiques et jugements — 86
Adaptations — 89

7. Bilans et pistes de lecture — 91
Avez-vous bien lu l'œuvre ? — 92
Êtes-vous au point sur Balzac ? — 94
Bibliographie — 96

Les renvois de page du *Père Goriot* concernent le texte
de l'édition « Le livre de Poche », L.G.F.
(n° 757, Paris, 1983).

Illustration de couverture : Florence Quintin.

© Hachette Livre, 1995.
Tous droits de traduction, de reproduction et d'adaptation réservés pour tous pays.
I.S.B.N. 2.01.166924.3

INTRODUCTION

POURQUOI LIRE LE PÈRE GORIOT AUJOURD'HUI ?

Cité par la plupart des critiques comme le chef-d'œuvre de Balzac, consacré par la tradition, par les programmes scolaires, *Le Père Goriot* recense l'ensemble des attendus balzaciens : femmes adultères, société impitoyable, règne de l'argent, assassinats, descriptions... Si *Le Père Goriot* entremêle plusieurs intrigues, l'ensemble de son déroulement est assez simple : il s'agit de la mort d'un père abandonné et dépouillé par ses filles mais assisté par un jeune étudiant qui fait de cette expérience l'élément principal de son éducation. Ce mouvement relativement dénudé n'empêche pas l'œuvre de pouvoir être lue et relue car les stratifications de sens se compliquent de l'insertion de ce roman dans *La Comédie humaine*. À plusieurs titres, *Le Père Goriot* est un texte-carrefour.

UN TEXTE-CARREFOUR DES ÂGES

Le Père Goriot incite à réfléchir sur l'évolution des âges. Comme dans l'énigme posée par le Sphinx à Œdipe, à travers ses personnages, c'est l'Homme qui est peint. Chaque classe d'âge se trouve représentée et caractérisée par un personnage masculin du roman. Avec Eugène de Rastignac, est dépeinte la jeunesse avide d'arriver, mais qui manque de moyens et à qui l'on demande d'attendre « son tour ». Avec Vautrin, c'est l'âge mûr, la nécessité de gérer son bien, son existence, et de se préparer une douce retraite. Avec le père Goriot, le lecteur est incité à réfléchir sur la difficulté de la vieillesse. Là encore, Balzac est un précurseur car il prévoit une évolution qui se fera pendant tout le XIXe et le XXe siècle. D'une vieillesse patriarcale à l'intérieur du foyer, l'histoire est passée à une vieillesse indépendante qui doit s'assumer. Le père Goriot est la première victime de cette évolution.

UN TEXTE-CARREFOUR DES CLASSES

La société de la Restauration se distribue en territoires dans Paris. Peu de distance sépare le faubourg Saint-Germain de la pension Vauquer, et pourtant quel gouffre ! En créant des personnages pilotes, intermédiaires entre ces milieux, le père Goriot et Rastignac, Balzac nous incite à réfléchir à la ségrégation sociale et aux critères très arbitraires sur lesquels elle repose. La force du *Père Goriot* est justement de montrer un moment et une situation intermédiaires où ces sociétés se cognent et la vérité fuse. Le masque tombe aussi bien chez la Vauquer que dans la haute société. Balzac peut alors mettre en scène un forçat, homosexuel de surcroît. Dans une société trop hiérarchisée, les individualités deviennent forces.

UN TEXTE-CARREFOUR DES SITUATIONS ESSENTIELLES

En fait, *Le Père Goriot* recense des situations absolument primitives, essentielles. Le roman découvre des personnages, libérés de la chape mondaine, aux abois, en pleine crise : un homme est traqué, un autre veut arriver, et se pose le problème de la perte de son âme, un troisième est abandonné par sa propre famille, une femme déshérite ses enfants pour protéger un homme qui l'abandonne. Les situations sont poussées à l'extrême. Le mélodrame est presque là, les larmes coulent et pourtant tout reste absolument vraisemblable.

UN TEXTE-CARREFOUR DE LA COMÉDIE HUMAINE

C'est avec l'écriture du *Père Goriot* que Balzac a inventé le principe des personnages reparaissants. *Le Père Goriot* est l'œuvre où l'on trouve mis en scène le plus de personnages de *La Comédie humaine* (Balzac a ainsi intitulé l'ensemble de son œuvre). Ce texte fait allusion à des dizaines d'autres et invite le lecteur à entrer en suivant les fils dans l'œuvre d'une vie. Selon le mot de Rose Fortassier, « *En somme,* Le Père Goriot *aimante, annexe tout ce qui a été écrit ou va s'écrire* » (préface au *Père Goriot,* tome III de *La Comédie humaine,* « Bibliothèque de la Pléiade », Gallimard, 1976).

PREMIÈRE PARTIE

LE CONTEXTE IMMÉDIAT

Dates	Événements historiques	Événements culturels
1799	Coup d'État de Bonaparte du 18 brumaire.	
1800		Madame de Staël, *De la littérature*.
1802		Naissance de Victor Hugo et d'Alexandre Dumas. Chateaubriand, *Le Génie du christianisme*, *René*.
1804	L'Empire (jusqu'en 1814). Le Code civil.	Madame de Staël, *Delphine*.
1805		Naissance de George Sand.
1807		Madame de Staël, *Corinne*.
1814	Abdication de Napoléon. La Restauration.	
1815	Règne de Louis XVIII.	
1816		
1819		Chénier, *Œuvres*.
1820		Lamartine, *Méditations poétiques*.
1821	Mort de Napoléon à Sainte-Hélène.	
1822		Vigny, *Moïse*. Hugo, *Odes*. Nodier, *Trilby*.
1824	Règne de Charles X (jusqu'en 1830).	
1825		Stendhal, *Racine et Shakespeare*.
1826		Vigny, *Poèmes antiques et modernes*, *Cinq-Mars*.
1828		Stendhal, *Armance*.
1829	Ministère Polignac.	Hugo, *Cromwell*, *Odes et Ballades*, *Les Orientales*. Sainte-Beuve, *Vie, Poésies et Pensées de Joseph Delorme*. Vigny, *Le More de Venise*.
1830	Révolution de Juillet. Monarchie de Juillet. Règne de Louis-Philippe (jusqu'en 1848).	Auguste Comte, *Cours de philosophie positive*. Stendhal, *Le Rouge et le Noir*. Hugo, *Hernani*.
1831		Hugo, *Notre-Dame de Paris*, *Les Feuilles d'automne*. Dumas père, *Antony*.
1832		Vigny, *Stello*. Sand, *Indiana*.
1833	Loi Guizot sur l'enseignement primaire.	Michelet, *Histoire de France* (tomes I à VI). Hugo, *Lucrèce Borgia*. Musset, *Les Caprices de Marianne*. Gautier, *Premier Salon*.
1834	Mouvements républicains.	Sainte-Beuve, *Volupté*. Musset, *Lorenzaccio*.
1835		Musset, *Les Nuits*. Gautier, *Mademoiselle de Maupin*. Vigny, *Servitude et Grandeur militaires*, *Chatterton*. Tocqueville, *De la démocratie en Amérique*.
1836		
1837		Mérimée, *La Vénus d'Ille*.
1838		Hugo, *Ruy Blas*. Stendhal, *La Chartreuse de Parme*.
1839		

Vie et œuvre de Balzac	Dates
Naissance à Tours d'Honoré de Balzac, le 20 mai.	1799
	1800
	1802
	1804
	1805
Entrée au collège de Vendôme.	1807
Collège de Tours, puis installation de la famille à Paris.	1814
	1815
Inscription à la faculté de droit. Il entre comme clerc chez un avoué.	1816
Une tragédie, *Cromwell*, achevée en 1820, qui ne sera jamais publiée.	1819
	1820
	1821
Il devient l'amant de Mme de Berny. Publication de divers romans en collaboration sous pseudonyme.	1822
	1824
Échecs des débuts littéraires.	1825
Il devient imprimeur mais a de très nombreuses dettes. Début dans les journaux.	1826
	1828
Préparation d'un roman sur la chouannerie, premier roman de *La Comédie Humaine*; *Le Dernier Chouan ou la Bretagne en 1800*, signé du nom de Balzac (titre définitif *Les Chouans*). *La Physiologie du mariage* (succès à scandale) paraît sans nom d'auteur.	1829
Il collabore avec de nombreux journaux et avec des revues : *La Mode*, *La Silhouette*, *La Revue des Deux-Mondes*. Il fréquente les salons et devient célèbre. « Scènes de la vie privée », en deux volumes.	1830
La Peau de chagrin. *Les Proscrits*, *Le Chef-d'œuvre inconnu*.	1831
Balzac est légitimiste. Nouvelles « Scènes de la vie privée » ; *Le Curé de Tours* ; Nouveaux « Contes philosophiques » ; *Louis Lambert*. Il écrit *Le Médecin de campagne*, *Le Colonel Chabert*. Il s'intéresse à la politique. Première lettre de Mme Hanska signée « l'étrangère ».	1832
Rédige *Eugénie Grandet* (premier récit des « Scènes de la vie de province »). Le 13 octobre, contrat avec Mme Béchet pour les *Études de mœurs au XIXe siècle* qui annoncent *La Comédie humaine*.	1833
Séjour à Genève avec Mme Hanska. Naissance de Marie du Fresnay, fille présumée de Balzac, le 4 juin. Séjour à Saché. Début de *Séraphita*. Début du *Père Goriot* qui inaugure le système de retour des personnages.	1834
À Vienne avec Mme Hanska. Il ne la reverra plus pendant 8 ans. Publication du *Père Goriot* et de *Séraphita*.	1835
Le Lys dans la vallée. Mort de Madame de Berny.	1836
La Vieille Fille. *Les Employés*. *Illusions perdues* (début).	1837
César Birotteau. Séjour à Nohant, chez George Sand. Début de *Splendeurs et Misères des courtisanes*. *La Maison Nucingen*.	1838
Candidat à l'Académie française. Président de la Société des gens de lettres.	1839

Dates	Événements historiques	Événements culturels
1840	Gouvernement de Guizot (jusqu'en 1848).	Hugo, *Les Rayons et les Ombres*. Mérimée, *Colomba*. Sand, *Le Compagnon du tour de France*. Sainte-Beuve, *Port-Royal*.
1841		
1842		Eugène Sue, *Les Mystères de Paris*.
1843		Hugo, *Les Burgraves*. Nerval, *Voyage en Orient*.
1844		Dumas, *Les Trois Mousquetaires*.
1845		
1846	Crise économique et financière. Mouvements nationaux (Autriche, Allemagne, Rome, Prague, Budapest).	Proudhon, *La Philosophie de la misère*. Michelet, *Le Peuple*. Sand, *Romans champêtres*.
1847		Michelet, *Histoire de la Révolution française*.
1848	Révolution de Février. IIe République.	Chateaubriand, *Mémoires d'outre-tombe* (posthume). Guizot, *De la démocratie en France*.
1849		
1850		

Vie et œuvre de Balzac	Dates
Installation à Passy, aujourd'hui 47 rue Raynouard, « Maison de Balzac ». *Pierrette.* Étude sur *La Chartreuse de Parme* dans *La Revue parisienne*.	1840
Paraissent en feuilleton *Une ténébreuse affaire, Ursule Mirouët, La Fausse Maîtresse, Mémoires de deux jeunes mariées.* 2 septembre : signature du contrat avec les éditions Furne pour la publication de *La Comédie humaine* en 18 volumes (dont un sera posthume). Balzac rédige un avant-propos qui doit éclairer le sens de l'œuvre. Mort du comte Hanski, Mme Hanska est donc veuve.	1841
Albert Savarus. *La Rabouilleuse.*	1842
Une ténébreuse affaire, La Muse du département, Illusions perdues, Honorine.	1843
Modeste Mignon, Les Paysans (début). Année de voyages. Seconde candidature à l'Académie française. *Un homme d'affaires, Les Comédiens sans le savoir.* Nouveaux voyages avec Mme Hanska. *La Cousine Bette.*	1844 1845 1846
Séjour à Paris, chez Mme Hanska. Il la rejoint à Wierzchowia en septembre. *Le Cousin Pons.* Dernière partie de *Splendeurs et Misères des courtisanes, L'Envers de l'histoire contemporaine.* Retour à Paris. Il retourne en Ukraine et retrouve Mme Hanska. *L'Envers de l'histoire contemporaine* (fin). Balzac tombe gravement malade (hypertrophie du cœur) ; crises cardiaques répétées. Il épouse Mme Hanska le 14 mars à l'église de Berditcheff. De retour à Paris le 20 mai, il meurt le 18 août et est enterré au Père-Lachaise.	1847 1848 1849 1850

1. LE CONTEXTE IMMÉDIAT

ÉCRIRE, PENSER ET VIVRE EN 1835

LA MONARCHIE DE JUILLET : UNE MONARCHIE BOURGEOISE

En 1835, la France vit depuis cinq ans sous le régime de la monarchie de Juillet. Louis-Philippe a pris le trône après la révolution de 1830 qui a renversé son frère Charles X. Plus encore que sous la Restauration, la bourgeoisie est la force ascendante du régime. Selon le mot de Jean-Louis Bory : « *Il existe à coup sûr une "dynamique ascensionnelle" de la bourgeoisie, elle provoque "les effrayantes secousses d'ambition ascendantes" que Balzac a épiées avec passion. Le fils du riche épicier se fait notaire, le fils du marchand de bois devient magistrat* » (*La Révolution de Juillet*, NRF, Gallimard, 1972).

La monarchie de Juillet est le règne de l'argent. Toute l'Europe défile chez le banquier Laffitte, 19, rue d'Artois (où Balzac va loger Rastignac). La croissance désordonnée et inégale des fortunes, tout comme la révolution industrielle, provoque une crise des idéologies. La société dépeinte dans *Le Père Goriot* est au moins autant celle de 1834-1835 (date de l'écriture du roman) que celle de 1819 (date de l'intrigue).

LES DÉSILLUSIONS DE LA MONARCHIE DE JUILLET

Après la révolution de 1830, dans la classe pensante, l'heure est à la désillusion. Selon Pierre Barbéris, « *la consolidation de la monarchie de Juillet, l'échec des rêves, la dénonciation du saint-simonisme, le passage à l'Ordre des grands intellectuels, des universitaires libéraux, la condamnation bientôt de Lammenais, tout convie les hommes de bonne foi à la retraite, quelles qu'en soient la nature et les modalités* » (Pierre Barbéris, *Balzac ou la physiologie du monde moderne*, Gallimard, 1970).

Certains écrivains comme Petrus Borel prônent le nihilisme dans la société. La plupart, comme Sainte-Beuve, un moment saint-simonien, ou Gautier, glissent vers une passivité désabusée. Dans la préface de *Mademoiselle de Maupin* (1834), Théophile Gautier écrit : « *Il n'y a de vraiment beau que ce qui ne peut servir à rien ; tout ce qui est utile est laid.* »

Balzac aussi est déçu par le nouveau régime. En 1832, il s'est rallié au légitimisme, parti de l'ordre (qui prône le retour à la branche issue de Charles X), et envisage même l'action politique en multipliant des articles et ébauchant une candidature électorale à Chinon.

L'ÉVOLUTION DE L'ÉCOLE ROMANTIQUE

Très active avant la révolution de 1830, l'école romantique a conduit un combat pour la liberté dans l'art. L'épisode le plus fameux est la bataille d'*Hernani* en 1830 où s'affrontent, autour de la pièce de théâtre de Hugo, romantiques et classiques. À cette époque très actifs, les romantiques se réunissent dans les salons, notamment chez Charles Nodier, à la bibliothèque de l'Arsenal. Balzac, bien que fréquentant quelquefois ces salons, est en marge de ce mouvement.

La révolution de 1830 amène un déclin de vie des salons. L'ascension des hommes d'affaires porte d'autres conceptions de la vie sociale. L'école romantique connaît une évolution de taille. L'idéologie romantique royaliste est refoulée, et un nouveau romantisme, démocrate, patriote, socialisant, apparaît après 1830.

LA VIE DE BOHÈME

La jeunesse s'illustre par une sorte d'indifférence outrée qui trouve son achèvement dans la vie de bohème, refuge de la subversion intellectuelle. La mode des Jeunes France fait fureur : « *J'ai un pseudonyme très long et une moustache fort courte ; j'ai une raie dans les cheveux à la Raphaël. Mon tailleur m'a fait un gilet... délirant. Je parle art pendant beaucoup de temps sans ravaler ma salive, et j'appelle bourgeois tous ceux qui ont un col de chemise* » (Théophile Gautier, *Les Jeunes France, romans goguenards*, 1833).

LE SORT DIFFICILE DES ROMANCIERS

Enjeu esthétique, la vie de bohème est aussi quelquefois une nécessité dans un monde où le romancier ne vit pas toujours bien de sa plume. Certes le marché du roman est en pleine prospérité, mais la clientèle modeste achète peu de livres, elle les loue dans des cabinets de lecture. Les romans ne sont vendus qu'à un public limité.

Comment écrire sans se vendre ? C'est le thème d'*Illusions perdues,* roman de Balzac, et c'est la préoccupation de ceux qui, comme Victor Hugo, fondent en 1838 la Société des gens de lettres destinée à défendre les droits des auteurs. Balzac la préside en 1839.

Le recours de la presse

En dépit des restrictions apportées à la liberté de la presse, le nombre des journaux s'accroît aussi bien à Paris qu'en province sous la monarchie de Juillet. Le tirage des quotidiens parisiens quadruple presque entre 1830 et la chute de Louis-Philippe.

Les revues qui publient romans et nouvelles, comme la *Revue des Deux-Mondes* ou la *Revue de Paris,* constituent souvent un recours pour les écrivains. *Le Père Goriot* paraît ainsi, en 1834-1835, dans la *Revue de Paris.* À partir de 1836, on voit aussi les débuts de la grande presse dont Émile de Girardin est l'initiateur. Des journaux comme *La Presse* ou *Le Siècle* publient en feuilletons des romans qui, largement diffusés, apportent à leurs auteurs une notoriété et des ressources financières inédites. Le premier roman-feuilleton, *La Vieille Fille*, est de Balzac.

BIOGRAPHIE DE BALZAC

BALZAC, UN DOUBLE DE RASTIGNAC ?

Honoré Balzac est né le 20 mai 1799 à Tours. Son père, Bernard-François Balzac, y était Directeur des vivres de la 22e division militaire depuis quatre ans. Deux filles et un garçon naissent après Honoré : Laure, en 1800, puis Laurence, en 1802, et, en 1807, Henri.

Le 22 juin 1807, à l'âge de huit ans, Honoré entre comme pensionnaire au collège de Vendôme. Il en sort le 22 avril 1813 dans sa quatorzième année. Le 1er novembre 1814, la famille Balzac quitte Tours et s'installe à Paris dans le quartier du Marais. De sa seizième à sa dix-septième année, Honoré est inscrit dans deux pensions parisiennes, l'Institution Lepître et l'Institution Ganser. En septembre 1816, l'ambition de sa mère étant d'en faire un notaire, Balzac entre comme petit clerc chez l'avoué Jean-Baptiste Guyonnet-Merville. Quelques semaines plus tard, il prend sa première inscription à la faculté de droit, en vue de la préparation du baccalauréat.

Rastignac est donc né la même année que Balzac, frère aîné comme lui de deux sœurs tendrement aimées, lancé dans les mêmes études vers le même âge, et exposé aux mêmes souffrances que le romancier en entrant dans le monde sans les avantages de la richesse.

DES ESSAIS DANS LA « LITTÉRATURE INDUSTRIELLE »

En 1818, Balzac renonce aux brillantes études d'avoué et s'installe, avec l'accord de ses parents, dans une mansarde de la rue Lesdiguières où on lui donne un an pour mettre à l'épreuve sa vocation d'écrivain. Le premier essai de Balzac, une tragédie, *Cromwell,* ne reçoit que peu de succès. Elle est notamment jugée sévèrement par l'académicien Andrieux.

Balzac se résout donc à la « littérature industrielle », celle qui fait (mal) vivre. Il s'emploie dans l'atelier Le Poitevin qui produit des romans populaires. En janvier 1822 est mis en vente

1. LE CONTEXTE IMMÉDIAT

sous une triple signature, dont celle de Balzac sous pseudonyme, *L'Héritière de Birague,* roman noir à la Ann Radcliffe. Puis Balzac écrit en collaboration avec Le Poitevin *Jean-Louis ou la fille trouvée.* Le 27 juillet 1822, paraît *Clotilde de Lusignan ou le beau Juif, manuscrit trouvé dans les archives de Provence,* premier roman que Balzac signe seul sous un pseudonyme.

Au début du printemps de 1822, Balzac devient l'amant de Laure de Berny, âgée de quarante-cinq ans, voisine de ses parents à Villeparisis. Balzac publie encore quelques romans sous pseudonyme : *Le Centenaire ou les deux Beringheld, Le Vicaire des Ardennes, La Dernière Fée, Annette et le Criminel* et *Wann-Chlore.* En 1823, Balzac rencontre un jeune journaliste, Horace Raisson, qui lui ouvre une carrière nouvelle. Il participe à une série de brochures. Ainsi *Le Code des gens honnêtes ou l'Art de ne pas être dupe des fripons* paraît en mars 1825. *La Physiologie du mariage* de 1826 connaît un gros succès, c'est la révélation de ce qu'on ne dit pas habituellement dans les romans, la réalité du mariage et la réalité de la vie privée.

Durant l'année 1826, Balzac se fait successivement éditeur, puis imprimeur. En deux ans, il contracte 100 000 francs de dettes, ce qui lui vaudra toute sa vie de courir après l'argent.

LE DÉBUT DU NOM « BALZAC »

Le Dernier Chouan, roman qui paraît en 1829, est un échec commercial. Mais, pour la première fois, Balzac signe de son nom une de ses œuvres.

Au mois d'octobre 1829, Balzac rédige *La Maison du chat-qui-pelote.* Il propose alors aux libraires Mame et Delaunay-Vallée un ouvrage en deux volumes ayant pour titre *Scènes de la vie privée.* Et, dès les premiers mois de 1830, Balzac écrit successivement *La Vendetta, Gobseck, Une double famille, Le Bal de Sceaux.*

En mai 1832, paraît le deuxième tome des *Scènes de la vie privée.* De cet ensemble, se détachent *Le Colonel Chabert* et *Le Curé de Tours.* Ce sont les premiers grands drames de la vie privée dont les causes sont dans l'opposition des tempéraments et des intérêts, dont les batailles sont des procès. Balzac reçoit au début d'octobre 1831 une lettre d'admiratrice que *La Physiologie du mariage* avait chagrinée. C'est la marquise de Castries, une dame du faubourg Saint-Germain dont Balzac tombe immédiatement amoureux. À la même époque – est-ce plus qu'une coïncidence ? –, Balzac collabore aux publications légitimistes. Le 3 septembre 1833, paraît *Le Médecin de campagne*. Ce livre a, en fait, pour objet de faire connaître les idées politiques de Balzac aux électeurs de Chinon.

En 1833, Balzac annonce *Eugénie Grandet* à une mystérieuse correspondante ukrainienne dont il vient de recevoir un message signé « *L'étrangère* ». Il s'agit de la comtesse Hanska, d'une illustre famille polonaise. Il la rencontre à Neuchâtel et devient son amant à Genève en janvier 1834.

La véritable naissance de La Comédie humaine

En décembre 1834, *Le Père Goriot* commence à paraître dans la *Revue de Paris*. Le contenu de l'œuvre de Balzac est défini et même présenté au public. Ce qui va suivre est l'histoire d'un développement. C'est, à la fois, l'exploitation d'un chantier déjà balisé et la réalisation d'une promesse, la construction de cet ensemble que Balzac n'appelle pas encore *La Comédie humaine* mais *Études de mœurs au XIXe siècle*, titre qui est aussi celui de son œuvre à partir du contrat conclu avec Madame Béchet.

Vingt romans voient le jour entre 1834 et 1840, dont *Le Lys dans la vallée*, *La Vieille Fille*, les deux premières parties d'*Illusions perdues*, *César Birotteau*, *Le Cabinet des Antiques*. Balzac s'épuise avec dix-huit heures de travail par jour.

En 1840, tout prend forme et l'œuvre trouve son titre. Romans autonomes parfois éparpillés en feuilletons, parfois encore inachevés, ou déjà rattachés à des scènes, tous vont être unifiés dans *La Comédie humaine*. Le contrat est signé en 1841. Il assure à Balzac cinquante centimes par volume publié et 3 000 francs par titre inédit en librairie. Mais Balzac est toujours poursuivi par les créanciers. Il tente sa chance au théâtre à Paris : *Vautrin* s'effondre en 1840 après une unique représentation.

Le célèbre avant-propos de *La Comédie humaine* date de juillet 1842. Publié en octobre-novembre, il expose les principes qui président à l'organisation de *La Comédie humaine*. Comme il existe des espèces zoologiques, on peut distinguer des espèces sociales. Le romancier moderne doit écrire l'histoire des mœurs et étudier les causes des effets sociaux en écrivant à la lumière de deux vérités éternelles : la religion et la monarchie. Trois tomes de *La Comédie humaine* paraissent en 1842, trois autres en 1843 au prix d'incessantes relectures d'épreuves.

1. LE CONTEXTE IMMÉDIAT

À partir de 1843, le comte Hanski (le mari d'Ève Hanska) étant mort, Balzac fait plusieurs séjours à Saint-Pétersbourg. De son premier voyage, il rentre atteint d'une inflammation cérébrale. En mars 1850, il épouse Ève Hanska en Ukraine. Il est déjà terriblement épuisé par des crises cardiaques, des étouffements, des bronchites. Le 18 août 1850, Balzac meurt, appelant – est-ce une légende ? – dans son délire Bianchon, le médecin de *La Comédie humaine*. Le 21 août 1850 a lieu son enterrement au Père-Lachaise, là où Rastignac avait jeté son défi à Paris.

La Comédie humaine comprend 91 romans achevés et 46 autres à l'état de projets. Les récits achevés sont groupés en trois grandes rubriques : les *Études de mœurs,* les *Études philosophiques* et les *Études analytiques*. Les *Études de mœurs,* pivot essentiel de *La Comédie humaine,* se répartissent entre « Scènes de la vie privée », « Scènes de la vie de province », « Scènes de la vie parisienne », « Scènes de la vie politique », « Scènes de la vie militaire », « Scènes de la vie de campagne ».

L'ŒUVRE DANS L'HISTOIRE DE SON GENRE

> « *Vous serez bien fière du Père Goriot ; mes amis prétendent que ce n'est comparable à rien, que c'est au-dessus de toutes mes précédentes compositions.* »
> Balzac, Lettre à Madame Hanska du 1er décembre 1834.

> « *Je puis vous le dire – cette œuvre a été faite en quarante jours, je n'ai pas dormi dans ces quarante jours quatre-vingts heures.* »
> Balzac, Lettre à Madame Hanska du 10 février 1835.

SOURCES DE L'ŒUVRE

Deux indications nous aident à pouvoir affirmer que *Le Père Goriot* est tiré du vécu même de Balzac. Dans son album relatif à l'année 1834, on trouve cette note : « *Sujet du* Père Goriot. *Un brave homme ; pension bourgeoise ; six cents francs de rente ; s'étant dépouillé pour ses filles, qui, toutes deux, ont 50 000 francs de rente, mourant comme un chien.* » Dans la préface du *Cabinet des Antiques*, quelques phrases confirment cette origine authentique : « *L'événement qui a servi de modèle offrait des circonstances affreuses et comme il ne s'en présente pas chez les cannibales : le pauvre père a crié pendant vingt heures d'agonie pour avoir à boire, sans que personne arrivât à son secours, et ses deux filles étaient l'une au bal, l'autre au spectacle, quoiqu'elles n'ignorassent pas l'état de leur père.* »

GENÈSE DE L'ŒUVRE

En septembre 1834, Balzac se rend à Saché pour se reposer quelques jours après avoir achevé *La Recherche de l'absolu* et, dans une lettre à sa mère, il mentionne pour la première fois *Le Père Goriot* : « *J'estime qu'il me faut dix jours pleins à compter d'aujour-*

d'hui dimanche pour achever Le Père Goriot *et* Séraphita, *faire mes corrections pour Barbier, etc.* » Il s'agit, à l'origine, d'une nouvelle conçue pour éponger une dette que Balzac a avec la *Revue de Paris*. Mais, à l'écriture, Balzac s'aperçoit de l'ampleur de son sujet et, revenu à Paris, il écrit à son imprimeur, Adolphe Everat, le 22 octobre 1834 : « *Mon cher maître Everat,* Le Père Goriot *est devenu sous mes doigts un livre aussi considérable que l'est* Eugénie Grandet *ou* Ferragus. » Il s'agit donc bel et bien d'un roman dont le début paraît les 14 et 28 décembre dans la *Revue de Paris*. Balzac y travaille à raison de vingt heures par jour. Les troisième et quatrième parties de l'œuvre paraissent dans les livraisons des 18 janvier et 1ᵉʳ février 1835. Le 26 janvier 1835, Balzac écrit fièrement à Ève Hanska : « *Aujourd'hui a été fini* Le Père Goriot. » Dans la même lettre, Balzac ajoute : « Le Père Goriot *est un étourdissant succès ; les plus acharnés ennemis ont plié le genou. J'ai triomphé de tout, des amis comme des envieux.* »

LES DIFFÉRENTES ÉDITIONS

Balzac est connu comme le plus grand « ratureur » de la littérature française. Tous ses manuscrits sont surchargés, et, lors des différentes éditions de son œuvre, Balzac continue à la modifier. Les épreuves (en moyenne sept par page) sont refusées par les correcteurs qui affirment ne pouvoir faire plus d'une heure de Balzac. *Le Père Goriot,* abondamment corrigé sur épreuves, paraît d'abord dans la *Revue de Paris* en quatre livraisons. Le roman est alors découpé en six chapitres. Le lundi 2 mars 1835 paraît la première édition Werdet, la seconde est mise en vente le 13 mai 1835. *Le Père Goriot* est publié en 1839 dans la collection Charpentier. Les préfaces ont été supprimées ainsi que la division en chapitres. En 1843, *Le Père Goriot,* revu et corrigé, paraît une nouvelle fois dans le tome IX de *La Comédie humaine,* éditée par la librairie Furne. À cette époque, le roman est encore placé dans les « Scènes de la vie parisienne », le catalogue de 1845 le fait passer vers les « Scènes de la vie privée ».

LE PRINCIPE DES PERSONNAGES REPARAISSANTS

Le principe des personnages reparaissants, innové dans *Le Père Goriot,* a marqué toute l'histoire du roman. Laure, la sœur de Balzac, raconte qu'en 1833, venant d'avoir l'idée de lier tous ses romans par le retour des personnages, son frère s'était écrié :

L'œuvre dans l'histoire de son genre

« *Saluez-moi, car je suis tout bonnement en train de devenir un génie.* » Félix Davin, porte-parole de Balzac dans la préface des *Études de mœurs au XIXᵉ siècle*, explique : « *Un grand pas a été fait dernièrement. En voyant réapparaître dans* Le Père Goriot *quelques-uns des personnages déjà créés, le public a compris l'une des plus hardies intentions de l'auteur, celle de donner la vie et le mouvement à tout un monde fictif dont les personnages subsisteront peut-être, alors que la plus grande partie des modèles seront morts et oubliés.* »

Le nombre de ces personnages reparaissants s'élève à vingt-trois dans l'édition originale. Ainsi reparaissent Rastignac (apparu dans *La Peau de chagrin*), Madame de Beauséant (*La Femme abandonnée*), Madame de Langeais (*Histoire des Treize*), Madame de Restaud (*Gobseck*)... Souvent Balzac se contente, il est vrai, de rappeler un nom déjà connu. Ces occurrences de retours seront portées à cinquante lors des éditions suivantes.

UNE AMBITION ENCYCLOPÉDIQUE

Beaucoup ont vu dans *La Comédie humaine* en général, et dans *Le Père Goriot* en particulier, la naissance du roman réaliste. Ce courant qui prendra son essor à partir de 1850 environ avec notamment Gustave Flaubert pronera la reproduction la plus fidèle possible de la réalité. L'œuvre de Balzac se caractérise plus encore par son aspiration encyclopédique que par sa volonté réaliste. C'est véritablement toute la société, depuis 1789 jusqu'à la monarchie de Juillet, que Balzac embrasse. Chaque roman se présente comme une lorgnette braquée sur un morceau de cette société, l'ensemble doit recomposer le puzzle. Balzac, créateur à l'ambition encyclopédique, presque divine, tente de tout retranscrire.

DEUXIÈME PARTIE

LE CONTENU DE L'ŒUVRE

2. LE CONTENU DE L'ŒUVRE

RÉSUMÉS COMMENTÉS

Remarque : les titres donnés aux extraits sont des titres originaux de Balzac. La pagination renvoie à l'édition du « Livre de Poche ».

~ RÉSUMÉ

UNE PENSION BOURGEOISE (PP. 5 À 66)

Le roman débute en 1819 dans une petite pension de la rue Neuve-Sainte-Geneviève, appelée Maison Vauquer, d'après le nom de sa tenancière. Cette pension, assez sordide, accueille des externes, des étudiants ou des habitués du quartier, qui ne prennent que le dîner à la pension, et sept internes. Les pensionnaires se répartissent dans les étages en fonction de leur revenu.

Ces pensionnaires semblent réunir toutes les misères du monde : mademoiselle Michonneau est décharnée et son passé peu clair, monsieur Poiret ressemble à une mécanique vivante, Victorine Taillefer, jeune fille réfugiée auprès d'une veuve, madame Couture, est reniée par son père... Deux figures masculines émergent pourtant de cet univers de malheurs : Eugène de Rastignac, beau jeune homme, issu d'une famille noble, provinciale et pauvre, et Vautrin, homme d'une quarantaine d'années, qui se dit ancien commerçant.

Le souffre-douleur de la pension est le père Goriot. Âgé de soixante-neuf ans, il s'est retiré chez madame Vauquer en 1813 après avoir quitté les affaires. À l'époque, cossu, il occupait l'appartement le plus important de la pension. Goriot avait alors un revenu de huit à dix mille francs. Mais, au fil des années, ses revenus baissant mystérieusement, le vieillard est monté d'étage en étage jusqu'à occuper une mansarde. Dans la pension, les suppositions vont bon train sur cette baisse de fortune.

Au début de cette histoire, Eugène de Rastignac veut arriver. Recommandé par sa tante à la vicomtesse de Beauséant, il reçoit une invitation au bal qui lui offre d'emblée l'entrée dans les salons très fermés du faubourg

Saint-Germain. Là, il est conquis par l'une des plus belles femmes de Paris, la comtesse Anastasie de Restaud.

C'est le lendemain matin que la pension découvre qu'Anastasie de Restaud est entretenue par le père Goriot. Dans la nuit, celui-ci a, sous les yeux de Rastignac, tordu une pièce d'argenterie qu'il est allé déposer au petit matin chez l'usurier Gobseck pour avoir un billet à ordre à l'intention d'Anastasie. Toute la pension soupçonne le père Goriot de se ruiner pour des femmes du monde.

COMMENTAIRE

La gageure de la description de la pension Vauquer

Le roman débute par une indication de temps (nous sommes au début de la Restauration) et par une indication de lieu (la maison Vauquer du faubourg Saint-Marceau à Paris).

Commencer par une description est une véritable gageure. Au début du roman plus qu'ailleurs, l'intérêt du lecteur doit être capté. La description, statique par essence, est paradoxalement, ici, chargée de mettre en route le récit. Balzac n'ignore pas les critiques que pourrait susciter ce parti pris ; il en prend même note dans *Le Père Goriot* : « *Pour expliquer combien ce mobilier est vieux, crevassé, pourri, tremblant, rongé, manchot, borgne, invalide, expirant, il faudrait en faire une description qui retarderait trop l'intérêt de cette histoire, et que les gens pressés ne pardonneraient pas* » (pp. 11-12).

Cette description est conçue comme un inventaire selon un ordre logique : l'extérieur puis l'intérieur. Balzac fait un parcours et un catalogage de commissaire-priseur. Pour la salle à manger, par exemple, il énumère tout ce qui fait meuble. Cette accumulation de noms d'objets provoque effectivement un effet de réel.

La tentation est grande, l'illusion réaliste fonctionnant, d'aller chercher les vestiges de cette pension à l'endroit où Balzac la décrit. La pension Vauquer n'a pas existé dans le bas de la rue Neuve-Sainte-Geneviève, aujourd'hui rue Tournefort, mais elle se serait trouvée non loin de là, au 21 de la rue de la Clef. Ce serait, nous apprend Madeleine Fargeaud dans son article « Les Balzac et les Vauquer », (*L'Année balzacienne*, 1960), une certaine pension Vimont, dont le plan correspond à la description de la pension Vauquer, et que Balzac pouvait connaître car une demoiselle Vauquer, d'une famille Vauquer que les Balzac connaissaient à Tours, y avait habité sous l'Empire.

Malgré son ambition réaliste, « *All is true* » (p. 6), cette description n'est jamais totalement neutre. Le narrateur émet des jugements esthétiques et utilise quelques procédés comiques rhétoriques qui doivent éveiller une complicité avec le lecteur : la rime – la pension Vauquer « *pue le service, l'office, l'hospice* » –, l'allitération – « *les piteux petits paillassons de sparterie* » –, l'euphémisme – « *le foyer toujours propre atteste qu'il ne s'y fait de feu que dans les grandes occasions* »...

Madame Vauquer, élément de la description

Jeune homme ou vieillard, tout personnage important chez Balzac suscite un retour en arrière explicatif et descriptif (l'« avant » éclaire le présent). C'est seulement ensuite que Balzac entreprend de raconter une intrigue, ainsi lestée d'une valeur sociologique et historique. Car ce passage par une généalogie familiale, géographique, sociale fait de chaque personnage un type, et de son histoire un destin représentatif.

C'est de la propriétaire qu'il est d'abord question, comme si elle devait être l'héroïne du drame. Puis tous les personnages successivement représentés paraissent receler assez de mystère pour devenir les héros d'une histoire qui les dévoilerait.

Madame Vauquer met en valeur la démarche critique du romancier réaliste et marque d'une manière exemplaire le lien qui unit personnage et décor. Car Balzac croit que chaque personnage imprègne profondément de sa propre vie son intimité, son mobilier, sa maison. Il ne décrit pas un individu placé sur un fond plus ou moins bien choisi ; chez lui, chaque personnage est le centre d'une sorte d'univers issu de lui-même et dans lequel tout s'enchaîne : « *Sa figure fraîche comme une première gelée d'automne, ses yeux ridés, dont l'expression passe du sourire prescrit aux danseuses à l'amer renfrognement de l'escompteur, enfin toute sa personne explique la pension comme la pension explique sa personne* » (p. 12). À l'inverse de Madame Vauquer, Victorine Taillefer est dans un contre-milieu : « *Ce jeune malheur ressemblait à un arbuste aux feuilles jaunies, fraîchement planté dans un terrain contraire* » (p. 18). Elle sera d'ailleurs la première à quitter la pension.

La pension comme lieu à part

La pension tout entière part pour une aventure romanesque. À elle seule, elle constitue d'ailleurs un monde avec son étagement de fortunes, une société avec ses trois générations. La conformation pyramidale de la pension laisse déjà voir l'importance de l'argent dans *Le Père Goriot*. Les plus hauts perchés sont les plus démunis.

La pension est un lieu à part et, comme tel, possède son langage propre, son code argotique. Elle parle en « *rama* ». Le passage du dîner est l'occasion d'un brillant exercice de style sur l'argot et les tics parisiens. Dans ce monde dans le monde, un être encore se détache, plus isolé que les autres : le père Goriot, qui fait l'objet d'agressions linguistiques et de persécutions de la part de l'ensemble de la pension.

La pension, lieu à fuir

Dès le début, la pension Vauquer sent la misère, l'usure, la mort et la prison. Balzac compare significativement la pension et son quartier aux catacombes de Paris. La pension est une prison dont chacun, en fait, d'une manière ou d'une autre aspire à s'échapper. Les pensionnaires sont d'ailleurs comparés à des forçats : « Elle [madame Vauquer] *nourrissait ces forçats acquis à des peines perpétuelles, en exerçant sur eux une autorité respectée* » (p. 23). La pension Vauquer est un « lieu-monde » exclu du monde. L'objet même du livre va être de révéler la vraie nature de chacun des personnages de cette maison, de les réinsérer dans la société ou de les exclure temporairement (Vautrin) ou définitivement (Goriot).

La pension, lieu de mystères

L'écriteau apposé sur la pension Vauquer, « *Pension bourgeoise des deux sexes et autres* », a plusieurs objectifs : il s'agit certainement pour la tenancière de proposer un « plus » à sa clientèle, mais il s'agit aussi pour le romancier de se moquer de l'ignorance de madame Vauquer et d'annoncer ironiquement l'identité ambiguë de Vautrin. Enfin, le panneau révèle également le côté mystérieux de la pension.

La pension Vauquer est constituée uniquement de mystères. La nuit, des activités louches s'y déroulent, dont Rastignac est témoin : « *Voilà bien des mystères dans une pension bourgeoise !* » (p. 46). La narration chez Balzac est souvent omnisciente. Or, ici, le narrateur, lorsqu'il présente les personnages, se montre parfois, dans le cas de mademoiselle Michonneau par exemple, comme ignorant de leur passé ou de leur histoire. Les points d'interrogation multipliés montrent bien une information qui relève plus de l'hypothèse, du potin, que de l'omniscience. À part Eugène, peu des occupants de la maison sont ce qu'ils paraissent être vraiment, et, à l'entrée du livre, le mystère plane sur tous les personnages. Sur le portrait de Vautrin, surtout, le narrateur attire notre attention. Il est conçu comme une énigme : Vautrin se masque physiquement et moralement.

Quelquefois, le narrateur semble même déléguer la fonction de narration. En ce qui concerne le père Goriot, le point de vue présenté est incontestablement celui de madame Vauquer qui nous fait vivre en accéléré et de manière frappante la déchéance du père Goriot. Comme le souligne Françoise van Rossum-Guyon : « *Non seulement le lecteur est impliqué dans l'action, parce qu'il est lié à celui ou à celle qui voit, mais celui qui voit n'est plus, comme le narrateur, un observateur anonyme et (relativement) désintéressé, mais il est, comme acteur, particularisé et désirant. Ceci est très net dans le cas de madame Vauquer, à qui "le mollet charnu" du bel homme donne "des idées" […] et dont les "yeux s'allument" […] à la vision des pièces d'argenterie de son nouveau pensionnaire* » (préface de l'édition du « Livre de Poche », p. XXIII).

À la fin de cette partie, une série de questions se pose déjà au lecteur dont les plus marquantes sont :

– Quelle est la véritable identité de Vautrin sur lequel autant la description de Balzac que les actions laissent planer le doute ? La conversation entre Christophe et Sylvie révèle d'ailleurs que Vautrin provoque les interrogations les plus saugrenues en apparence : « Eh ! bien, à moi, au marché, on a voulu m'englauder aussi pour me faire dire si je lui voyais passer sa chemise ? » (p. 48).

– Quel est le lien entre le père Goriot et les deux femmes du monde qui régulièrement viennent le visiter ?

La « *main blanche* » du lecteur

Balzac met le lecteur en miroir dans son roman : « […] *vous qui tenez ce livre d'une main blanche* […] ». Cette main a donné lieu à bien des gloses : il semble évident que c'est une main féminine. Sans doute appartient-elle à une dame de ce fameux faubourg Saint-Germain, comme l'atteste la blancheur de sa main et le moelleux fauteuil dans lequel elle peut s'installer. Pierre Barbéris suggère même que la lectrice à la blanche main pourrait être madame Hanska, la maîtresse de Balzac.

~ RÉSUMÉ

LES DEUX VISITES (PP. 66 À 110)

Le lendemain, Eugène de Rastignac se rend chez Anastasie de Restaud pour une visite. Se trompant de porte, il entrevoit le père Goriot au fond d'un corridor obscur. Revenu au salon, il gêne singulièrement la comtesse de Restaud qui reçoit également son amant, l'insolent Maxime de Trailles. Un impair lui ferme d'ailleurs définitivement la porte de la maison : affirmant qu'il connaît le père Goriot, Eugène est civilement congédié.

Il se rend ensuite chez sa cousine, la vicomtesse de Beauséant. Elle se trouve en compagnie de son amant, le marquis d'Ajuda-Pinto. La situation, là aussi, est tendue. Le marquis doit annoncer à sa maîtresse son prochain mariage avec une demoiselle de Rochefide. L'arrivée de Rastignac lui permet de s'éclipser sans avoir rien dit. Rastignac demande à la vicomtesse de Beauséant de lui accorder sa protection et de faire son éducation. Il lui raconte, ainsi qu'à la duchesse de Langeais, son impair chez les Restaud qu'elles s'empressent d'élucider. Anastasie de Restaud est la fille du père Goriot, et les deux femmes lui relatent le drame. Le père Goriot a fait fortune pendant la Révolution en exerçant son métier de vermicellier. Il a consacré tout cet argent à ses deux filles d'abord pour leur éducation, puis pour leur dot. Anastasie de Restaud s'est mariée au comte de Restaud, la cadette, Delphine, a épousé le baron de Nucingen. Le père Goriot s'est retiré des affaires et, à la Restauration, les deux gendres ont répudié plus ou moins le beau-père dont l'extraction populaire devenait gênante. Eugène est frappé par cette histoire. Il reçoit sa première leçon de sa cousine qui lui conseille d'arriver par les femmes. Elle lui recommande d'avoir une liaison avec la baronne de Nucingen qui rêve d'entrer au faubourg Saint-Germain.

Revenu à la pension Vauquer, Eugène décide de prendre sous sa protection le père Goriot. Ayant constaté l'importance de l'argent, il écrit à sa mère et à ses deux sœurs pour leur demander leurs économies. Il prépare ainsi son entrée dans le monde et la conquête de Delphine de Nucingen.

COMMENTAIRE

Après les bas-fonds, la deuxième partie de l'exposition introduit le lecteur dans les salons, la haute sphère parisienne. Eugène de Rastignac, pauvre mais de haute lignée, est le maillon entre ces deux mondes. Son inexpérience lui vaut d'abord un échec, rue du Helder, mais c'est sa compréhension rapide de la société qui, chez la vicomtesse de Beauséant, lui réussit.

Les salons ou le pouvoir de comparer

La « comparaison » est le moteur de l'initiation de Rastignac. Sa visite dans le monde éclaire Rastignac sur la pension, et le retour rude est signifié par la métaphore de la pension-étable : « [...] *il aperçut, comme des animaux à un râtelier, les dix-huit convives en train de se repaître* » (p. 99).

La comparaison joue aussi à un autre niveau. C'est en comparant des situations similaires et parallèles auxquelles le jeune homme est confronté que, peu à peu, il dégage les lois et les codes qui régissent les relations mondaines. La visite chez les Beauséant est exactement parallèle à celle chez les Restaud. Rastignac, dans les deux cas, introduit dans l'hôtel, est moqué par les domestiques, puis surprend la dame et son amant qui, après une fausse sortie, se retire. Cette répétition de séquences, avec de légères variantes, permet à Rastignac de déchiffrer l'univers mondain. Comme beaucoup de romans de cette époque, *Le Père Goriot* est aussi un roman d'éducation, type de récit dans lequel un personnage se « forme » et mûrit au contact du monde par les expériences qu'il vit : « *Entre le boudoir bleu de madame de Restaud et le salon rose de madame de Beauséant, il avait fait trois années de ce* Droit parisien *dont on ne parle pas, quoiqu'il constitue une haute jurisprudence sociale qui, bien apprise et bien pratiquée, mène à tout* » (p. 86).

Les salons ou le pouvoir du nom

Rastignac comprend vite le pouvoir du nom propre. Certains noms sont des sésames comme celui de Beauséant, d'autres vous ferment les portes comme le nom de Goriot. Lors de sa première visite à madame de Restaud, qui est une épreuve ratée puisqu'elle lui fait fermer sa porte, Rastignac comprend cependant la force de sa parenté avec les Beauséant : « *Ce coup de baguette, dû à la puissante intervention d'un nom, ouvrit trente cases dans le cerveau du Méridional, et lui rendit l'esprit qu'il avait préparé. Une soudaine lumière lui fit voir clair dans l'atmosphère de la haute société parisienne, encore ténébreuse pour lui* » (pp. 72-73).

Le discours de la duchesse : la fusion du discours historique et du discours intime

Le premier récit de l'ascension du père Goriot, fait par la duchesse de Langeais, est édifiant. Il montre la distance qui sépare deux mondes : celui de la noblesse et celui des enrichis. Le père Goriot – dont la duchesse écorche le nom dans de multiples calembours – est rattaché au mouvement général de l'histoire. Le récit de la duchesse de Langeais permet d'établir de façon condensée le lien entre la période révolutionnaire, l'Empire et la Restauration. Goriot, comme le père Grandet, est l'un de ceux qui ont fait fortune grâce à la Révolution. L'argent a permis le double mariage de ses filles dans la noblesse et la finance.

La Restauration signifie l'éviction de Goriot : son argent garde toute sa valeur, mais il faut taire son origine, occulter la Révolution sans laquelle ni Restaud, ni Nucingen n'occuperaient la place qu'ils ont dans la société du temps. Ce discours de la duchesse est une charge antibourgeoise, de la morgue contre l'histoire réelle. En 1819, la noblesse tente d'oublier que la Révolution a eu lieu.

Le caractère idéologique et sociologique de cette analyse est accentué par le point de vue déformant de l'orgueilleuse duchesse. Son brillant cabotinage caustique est aussi un bon exemple de conversation à plusieurs niveaux. Sous le discours de l'analyse historique et mondaine, madame de Langeais ne songe qu'à faire souffrir la vicomtesse de Beauséant.

Arriver par les femmes

Rapidement, Eugène est initié : le monde de l'aristocratie n'est pas moins impitoyable que la pension Vauquer. L'histoire du père Goriot, comme les blessures de la vicomtesse de Beauséant, montre à Eugène que la moindre faiblesse vous perd. Le conseil de la vicomtesse (arriver par les femmes) est, par son cynisme, révélateur.

Le fait que la possession de Delphine de Nucingen, qui interviendra à la fin du roman, soit due à un conseil de madame de Beauséant jette une lumière un peu crue sur les scènes d'amour suivantes. Delphine n'est pour Rastignac qu'un pis-aller. Il ne l'a choisie, et encore sur le conseil de madame de Beauséant, qu'après avoir subi un échec auprès de madame de Restaud, et parce qu'il a conscience de n'avoir aucune chance auprès de sa cousine. « *Mes prétentions seraient-elles donc écoutées ailleurs ? dit-il en lançant un regard pénétrant à sa cousine* » (p. 147).

L'exposition

« *Ici se termine l'exposition de cette obscure, mais effroyable tragédie parisienne* » (p. 110). Balzac éclaircit sa volonté de construire son roman comme une tragédie : exposition, aggravation des conflits, crise. Cette exposition a compris trois grandes journées. Après, le temps du roman va devenir moins précis, l'activité dramatique va se relâcher avant une deuxième accélération chronologique (arrestation de Vautrin...). Cette notation est intéressante par ailleurs, car, une fois de plus, elle fait intervenir le narrateur. Absent comme personnage, il se dévoile cependant au lecteur.

2. LE CONTENU DE L'ŒUVRE

~ RÉSUMÉ

L'ENTRÉE DANS LE MONDE
(PP. 110 À 194)

Au prix de mille sacrifices, la mère et les deux sœurs de Rastignac lui envoient l'argent tant désiré.

Lors du souper qui suit, Eugène a une forte altercation avec Vautrin qui le défie en duel puis se ravise et lui propose de faire sa fortune. Vautrin donne à Rastignac sa deuxième leçon sur le monde. Il ne sert à rien de faire des études et d'avancer selon la règle. Il faut être ambitieux et savoir faire taire sa conscience. Le marché proposé est le suivant : qu'Eugène fasse sa cour à Victorine Taillefer, Vautrin, lui, se charge de la faire reconnaître et hériter de son père en faisant tuer en duel l'obstacle à cette reconnaissance, le frère de Victorine. Sur la dot d'un million, Eugène donnera une « commission » de deux cent mille francs à Vautrin qui veut aller s'installer aux États-Unis.

Eugène refuse ce marché mais, en attendant, il se fait vêtir de neuf par un tailleur et constate rapidement l'importance dans le monde de l'apparence. Le soir même, il accompagne la vicomtesse de Beauséant aux Italiens et y fait la connaissance de la deuxième fille du père Goriot, la baronne de Nucingen. Il lui fait une cour assidue.

À sa rentrée à la pension Vauquer, Eugène fait un compte rendu précis de sa rencontre au père Goriot. Celui-ci, avec son aveuglement de père qui s'est dépouillé pour ses filles, continue à les croire aimantes. Dans les jours suivants, l'affection entre le vieil homme et Eugène de Rastignac se resserre.

Invité par Delphine de Nucingen à souper, Eugène de Rastignac est conduit par elle au Palais-Royal où il est sommé de gagner au jeu six mille francs. Cet argent est dû, en effet, par Delphine à du Marsay avec qui elle vient de rompre. Elle avoue alors à Eugène que son mari a fait main basse sur sa fortune et qu'elle ne dispose plus d'aucun bien propre. Le père Goriot, apprenant cette nouvelle, devient fou de rage et décide d'entreprendre une action en justice pour faire rentrer sa fille dans sa fortune.

Les jours suivants, Eugène de Rastignac se lance avec élan dans la vie dissipée parisienne, mais il dépense beaucoup et perd au jeu. Les secrets de la vie mondaine l'éclaircissent sur les dessous privés. Il prend conscience de la fortune nécessaire et, presque machinalement, il commence une cour discrète auprès de Victorine Taillefer.

COMMENTAIRE

Une deuxième leçon

Pour son apprentissage, Rastignac reçoit une deuxième leçon qui vient cette fois des bas-fonds de la société. Cette scène débute par une parodie du *Cid*, puisque Vautrin et Rastignac, après un éloquent « *Expliquons-nous* » (p. 121), se retrouvent dans le jardin, prêts pour un duel. Mais cette entrée en matière n'est en fait que le prétexte à une nouvelle leçon sur le monde.

Comme l'a montré Léon-François Hoffmann, dans son article sur « Les Métaphores animales dans *Le Père Goriot* », Vautrin voit le monde comme un bestiaire. Il appelle Poiret une punaise, le père Goriot, une bête brute, le frère de Victorine, un pigeon... et évidemment la loi qui régit ce monde est la loi de la jungle : « *Il faut vous manger les uns les autres comme des araignées dans un pot* [...] » (p. 128). Après le haut, le bas, mais l'enseignement est le même. Rastignac d'ailleurs ne s'y trompe pas : « *Il m'a dit crûment ce que Madame de Beauséant me disait en y mettant des formes* » (p. 137).

Dans son discours sur la société, Vautrin n'oublie pas son interlocuteur qu'il doit à la fois séduire et convaincre. Le discours vient appuyer le récent vécu de Rastignac, mais ceci n'empêche pas Vautrin d'utiliser toutes les ressources de la rhétorique pour attirer à lui Rastignac : il utilise l'ordre (« *Choisissez !* »), l'intimidation (« *C'est à prendre ou à laisser* »), les propos fascinateurs (« *Vous êtes un chasseur de millions* »), voire enjôleurs (« *Vous êtes comme une jeune fille* »).

Dans cette scène, il est à noter que Vautrin se pose comme un double du narrateur omniscient. Il sait absolument tout de la situation familiale de Rastignac et... de celle de Victorine. Il exprime aussi des positions sur la société proches de celles de Balzac lui-même. D'ailleurs, Balzac lui donne une position de créateur, de Pygmalion, puisque Vautrin déclare : « *Je suis un grand poète. Mes poésies, je ne les écris pas : elles consistent en actions et en sentiments* » (p. 131).

Vautrin se pose à plusieurs reprises de façon ironique, parodique comme le père de Rastignac : « *papa Vautrin* », mais il s'agit bien d'un contre-modèle qu'il propose par rapport au père Goriot. Pour lui, pas de sacrifice à travers sa filiation, mais une véritable association-filiation.

Avec cette proposition de Vautrin, s'ouvrent deux solutions à Rastignac : il faut choisir entre la candidate de madame de

Beauséant, Delphine de Nucingen, ou la proposition de Vautrin, Victorine Taillefer. Dans les deux cas, il s'agit de feindre l'amour et d'arriver par les femmes.

Une scène d'amour programmée

Le portrait à deux voix de Delphine de Nucingen par Rastignac et madame de Beauséant aux Italiens permet d'avoir un double point de vue : on entend en même temps la voix de Rastignac déjà séduit par la beauté de la jeune femme et la voix de l'aristocrate qui souligne l'origine roturière (« *Le Goriot perce dans tous ses mouvements* […] », p. 147). Delphine est donc encerclée par ce double regard et réduite à son essence : une très jolie femme aux portes de la haute société. Elle a toutes les qualités et tous les manques qui peuvent en faire pour Eugène la maîtresse idéale.

Dès leur première rencontre, Rastignac révèle son cynisme naissant : il fait une cour assidue à Delphine de Nucingen et déclare ensuite dans un style « cavalier » : « *Le mors est mis à ma bête, sautons dessus et gouvernons-la* […] » (p. 153). La vulgarité du monde apparaît de même avec le marquis d'Ajuda qui s'écrie à la sortie du bal, en parlant de Rastignac : « *Il va faire sauter la banque.* » Et les quelques idées qui flottent dans l'âme de Rastignac : « *Si Madame de Nucingen s'intéresse à moi, je lui apprendrai à gouverner son mari. Ce mari fait des affaires d'or, il pourra m'aider à ramasser tout d'un coup une fortune* » (p. 154), montrent que les leçons de Vautrin et de madame de Beauséant se traduisent par un plan de campagne assez trivial.

Le décor « Nucingen »

La description de la maison Nucingen se lit en contrepoint des hôtels de l'aristocratie. L'hôtel des Nucingen n'est pas du meilleur goût. Le narrateur parle d'ailleurs de la chambre de Delphine « *où respirait la voluptueuse élégance d'une riche courtisane* » (p. 176). Les défauts des riches parvenus apparaissent immédiatement : mesquinerie et trompe-l'œil. Des contours incertains, beaucoup de flou et quelques signes fâcheux suffisent à classer l'édifice : « *colonnes minces* » et « *portiques mesquins* », mosaïques polychromes, et surtout présence des stucs. Les stucs fonctionnent comme un symbole de faux luxe, de vanité bourgeoise. C'est le style Restauration que Balzac nous fait juger.

Jouer sa vie

La scène de jeu vient du roman du XVIIIe siècle, où elle abonde, de *Manon Lescaut* aux *Liaisons dangereuses*. Dans les romans du XIXᵉ siècle, elle demeure comme un point de passage obligé dans la vie d'un jeune homme. Elle ne peut manquer de trouver sa place dans un roman d'initiation. La scène reçoit ici un traitement inattendu car elle est gommée, furtive. La salle de jeu est peu décrite. Les sentiments du joueur ne sont pas dépeints, pas plus ses émotions ou sa peur que son plaisir. Le jeu ne sera jamais ni l'écueil (comme le craint Delphine de Nucingen) ni la réussite de Rastignac.

Substitut de l'amant et substitut du narrateur

Dans ses rapports avec le père Goriot, Eugène de Rastignac se fait entremetteur. En entreprenant de « raconter sa fille » au père Goriot chaque soir, il lui rend son propre rôle. C'est bien à la place d'Eugène que le père Goriot voudrait être, et cette préoccupation ne fait que se renforcer au cours du roman. Le père vit cette conquête par procuration jusqu'à aider l'amant de sa fille. Cette possession est toute verbale : il s'agit essentiellement de mots. Rastignac devient un substitut du narrateur puisqu'il doit raconter.

S'arrêter « *aux bagatelles de la porte* »

Les rapports de Vautrin avec Rastignac montrent bien l'esquisse d'un discours amoureux. La deuxième rencontre avec Vautrin est l'occasion pour celui-ci de se mettre à découvert afin de se déclarer progressivement. Il propose d'abord de faire un testament en la faveur de Rastignac, ce qui place de nouveau leurs liens sous le rapport de la filiation. Il confond, ou plutôt met la confusion, entre amitié et amour : « *Est-ce être l'ami d'un homme ? Mais je vous aime, moi.* » Et, surtout, que penser de cette affirmation, on ne peut plus symbolique : « *Poussons chacun nos pointes ! La mienne est en fer et ne mollit jamais, hé, hé !* »

Pierre Barbéris note, par ailleurs, l'ambiguïté générale du discours de Vautrin qui dessine au monde un rapport érotique. Dans sa dernière phrase, il s'écrie : « *Vous vous arrêtez aux bagatelles de la porte* », ce que Pierre Barbéris interprète ainsi : « *Mais que veut dire "bagatelles de la porte", si ce n'est les amusettes et menues faveurs (baisers, caresses) qui précèdent la totale possession amoureuse.* » C'est d'ailleurs sur cette expression que se termine le chapitre « L'entrée dans le monde », ce qui prouve qu'à ce stade du roman, l'éducation de Rastignac est encore toute à faire.

2. LE CONTENU DE L'ŒUVRE

RÉSUMÉ

TROMPE-LA-MORT (PP. 194 À 266)

Au Jardin des Plantes, Poiret et mademoiselle Michonneau conversent avec le chef de la police nommé Gondureau. Celui-ci leur apprend que Vautrin est en fait un forçat évadé du bagne de Toulon où il est connu sous le nom de Trompe-La-Mort. Gondureau demande à mademoiselle Michonneau de vérifier que Trompe-La-Mort est bien marqué à l'épaule.

À la pension Vauquer, les événements se précipitent. Tandis que, presque malgré lui, Eugène continue son « affaire » auprès de Victorine, Vautrin signale au jeune homme que le duel est lancé contre le fils Taillefer. Au même moment, Goriot apprend à Rastignac que Delphine, qui se refuse obstinément à lui depuis le début, vient de lui louer un appartement, rue d'Artois. Rastignac veut aller prévenir le père Taillefer, mais Vautrin l'endort avec un somnifère dans la soirée. Il est donc trop tard pour intervenir. Le lendemain, un commissionnaire annonce la mort du fils Taillefer. Victorine est riche. Rastignac renonce publiquement à sa main. Quelques instants plus tard, Vautrin est terrassé par une attaque provoquée par un poison que mademoiselle Michonneau a versé dans sa tasse. Elle peut alors, dans la confusion des premiers soins, faire apparaître sur l'épaule de Vautrin les deux lettres « TF » qui dénoncent son passé de forçat.

La police intervient dans la soirée et arrête le forçat. Il se nomme de son vrai nom Jacques Collin. Il promet de s'évader. Les pensionnaires, indignés de la dénonciation, demandent à mademoiselle Michonneau de quitter les lieux. Poiret décide de l'accompagner.

Dans la soirée, Eugène et le père Goriot sont reçus par Delphine dans le nouveau domicile d'Eugène, rue d'Artois. Le père Goriot exulte de joie. Il va être logé dans une chambre de bonne au-dessus d'Eugène. Tout semble être pour le mieux dans le meilleur des mondes.

COMMENTAIRE

Après un chapitre consacré à Rastignac, le narrateur s'intéresse à Vautrin (dont le surnom est Trompe-La-Mort), avant de dédier le dernier chapitre au troisième « héros » du livre : le père Goriot.

Vautrin : le Nucingen du bagne

La révélation de l'identité de Vautrin comme forçat se fait sous le registre de l'hyperbolique : « *Il a des qualités qui le rendent extraordinaire* » dit de lui Gondureau (p. 197), un « *homme d'honneur* » renforce Poiret. Comme Nucingen, Vautrin est un banquier mais le banquier de la contre-société, celle du bagne. Si Nucingen accomplit ses affaires de jour, Vautrin travaille la nuit. Mais, comme le révélera Delphine à propos des affaires de son mari, et comme l'a expliqué Vautrin à Rastignac, société ou contre-société, tout est affaire de perspective, le crime est toujours là.

L'influence du mélodrame

Après les paroles proliférantes, les discours, les scènes de fond de la partie précédente, l'action subitement s'accélère. L'arrestation de Vautrin relève de la scène de mélodrame, genre très en vogue à cette époque. Pièce populaire, fertile en rebondissements spectaculaires, le mélodrame met en scène des bons et des méchants, dans des intrigues où le pathétique se conjugue à l'extraordinaire. La veille de son arrestation, Vautrin est d'ailleurs allé avec madame Vauquer assister à un mélodrame de Guilbert de Pixerécourt, le maître incontesté du genre.

En une journée, une accumulation invraisemblable d'événements (mort du fils Taillefer, arrestation de Vautrin, exclusion de Poiret et de Michonneau, découverte par Rastignac de sa garçonnière et donc de l'amour de Delphine) rattache *Le Père Goriot* au mélodrame. Eugène de Rastignac s'écrie même : « *Mais,* [...] *aujourd'hui le monde est donc renversé ?* » (p. 248). Cette parole est particulièrement cruelle puisqu'elle intervient au moment où le père Goriot croit qu'il a retrouvé l'amour filial de Delphine.

Victorine, une utilité

On a souvent commenté l'abondance de personnages dans *Le Père Goriot* et notamment l'importance de cette trilogie de personnages essentiels : le père Goriot, Rastignac, Vautrin. Parmi la multitude de personnages secondaires, Victorine Taillefer apparaît singulièrement desservie. Elle est réduite au rôle de simple tentation pour Rastignac. Sa fortune faite, elle disparaît de la vie de Rastignac et du roman sans que le narrateur n'ait un mot pour évoquer ses espoirs déçus, ses regrets. Comme le souligne Gérard Gengembre : « *Son exclusion* [l'exclusion de Victorine] *de l'intrigue signifie aussi l'exclusion du sentiment plein, harmonieux, heureux de la nature humaine réconciliée avec elle-même. Il n'a pas sa place dans la société* » (*Le Père Goriot*, coll. « Texte et contextes », Magnard, 1985).

2. LE CONTENU DE L'ŒUVRE

L'ultime épreuve

La scène hallucinante de séduction de la fille par le père, rue d'Artois, montre que le père Goriot risque de devenir rapidement un gêneur. Rastignac est littéralement effacé par l'amour presque charnel du père. Celui-ci ne peut que disparaître.

À ce stade de l'histoire, Eugène semble avoir triomphé et choisi sa voie. Il a renoncé à Victorine Taillefer (son destin est alors diamétralement opposé à celui du marquis d'Ajuda-Pinto qui a quitté sa maîtresse pour le mariage). Il manque pourtant une épreuve à l'apprentissage d'Eugène.

~ RÉSUMÉ

LA MORT DU PÈRE (P. 266 À LA FIN)

Le jour de son départ pour la rue d'Artois, par hasard encore, dans la pension Vauquer, Eugène entend Delphine se plaindre dans la chambre de Goriot. Monsieur de Nucingen, son mari, la menace : il n'est pas en mesure de lui rendre sa fortune sans que leur couple ne soit ruiné. Le père Goriot est à moitié assommé par cette nouvelle. Mais Anastasie de Restaud, qui survient inopinément, est dans une situation plus délicate encore. Elle a engagé les diamants de la famille de son mari pour couvrir des dettes faites par son amant, Maxime de Trailles. Son mari est au courant et va lui ôter sa fortune. Elle vient cependant encore réclamer au père Goriot douze mille francs pour achever de couvrir la dette de Maxime. Apprenant que les derniers francs du père Goriot ont été consacrés à l'appartement de Rastignac, elle s'en prend violemment à sa sœur. Le père Goriot, devant cette scène insoutenable pour lui, est pratiquement saisi d'une attaque.

Eugène de Rastignac propose alors d'avancer la somme. Les deux sœurs se retirent, mais, à la vue de l'état du père Goriot, Bianchon, l'étudiant en médecine de la pension, prévoit une fin imminente.

Eugène passe la soirée avec Delphine rue d'Artois. Le lendemain, à la pension, il s'aperçoit que le père Goriot est dans un état critique. Eugène annonce à Delphine que son père est mourant, mais celle-ci ne veut rien entendre : elle peut, pour la première fois, entrer dans les salons du faubourg Saint-Germain et elle va donc se rendre au bal de la vicomtesse de Beauséant. Ce bal s'annonce d'autant plus passionnant que le roi a signé le matin même le contrat de mariage entre le comte d'Ajuda-Pinto, amant de madame de Beauséant, et mademoiselle de Rochefide. Tout Paris veut assister à la défaite de madame de Beauséant.

Madame de Beauséant, lors de ce dernier bal, confie à Rastignac qu'elle va se retirer en Normandie pour fuir le monde. Tandis que Delphine s'amuse, madame de Beauséant donne ses derniers conseils à Eugène.

À la pension, le père Goriot agonise. Il demande à voir une dernière fois ses filles. Mais toutes deux se dérobent. Le père Goriot, dans un accès de lucidité, les maudit, avant de leur pardonner. C'est Eugène qui paie les derniers soins et l'enterrement de Goriot au Père-Lachaise. De là, il jette un défi à Paris : « À nous deux maintenant ! »

COMMENTAIRE

Une mise à mort sociale

Si l'agonie du père Goriot est privée (trop privée), la vicomtesse de Beauséant subit une mise à mort sociale. Delphine de Nucingen analyse avec lucidité la situation : « *Tout Paris va se porter chez elle, comme le peuple encombre la Grève quand il doit y avoir une exécution* » (pp. 295-296). La vicomtesse elle-même explique à Rastignac : « […] *je vais partir pour aller m'ensevelir au fond de la Normandie* » (p. 302) et, plus tard, elle se compare à un mourant privilégié.

Il n'est d'ailleurs pas innocent qu'à ce stade du roman, Balzac réintroduise la duchesse de Langeais qui annonce, elle aussi, son prochain départ dans un couvent. Les représentantes de la noblesse s'effacent au profit de celles de la Restauration. La vicomtesse ouvre d'ailleurs symboliquement son salon à Delphine le jour de son départ. Il s'agit du passage de relais d'une société à une autre.

Rastignac, lors de son troisième bal, est à même de décrypter la comédie sociale. « *Son éducation s'achevait* » (p. 305), comme le note Balzac. La belle robe dorée d'Anastasie est une représentation de l'or qu'elle a extorqué à son père. Cette image de la comtesse (« *horreur couverte d'or et de pierreries* », p. 305) contraste avec l'impression de Rastignac lors du premier bal.

L'agonie

L'agonie du père Goriot montre qu'il incarne bien la paternité poussée jusqu'à la folie. Il s'éteint d'ailleurs honnêtement lorsqu'il n'a plus d'argent, lorsqu'il ne peut plus rien donner et ne plus vivre sans porter atteinte à ses filles. L'or fonctionne alors comme la métonymie de la vie.

Cette logique de la passion, conduite jusqu'à ses extrêmes limites, rappelle celle de la démesure et de la fatalité dans les drames familiaux de la tragédie grecque. Goriot retrouve les intonations et les discours des héros antiques. Quand il parle de se crever les yeux, il rappelle Œdipe. Pour culpabiliser ses filles, il utilise le vocabulaire religieux de l'imprécation. Comme dans les cycles de la tragédie grecque, il imagine même une fatalité familiale qui le vengera d'avoir été assassiné par abandon.

Alors même que se décompose la raison de Goriot, son discours fait sens, non seulement parce que le délire et la passion obéissent à leur logique, mais aussi parce le père parle lucidement de sa folie et de la force moderne de l'intérêt qui tue les relations familiales. Son analyse politique rejoint celle de Balzac.

Un objet de plaisanterie

L'agonie se caractérise par l'indifférence de tous, à l'exception des deux étudiants Bianchon et Rastignac. Le père Goriot n'est plus un objet de profit : il est donc méprisé autant par ses deux filles que par madame Vauquer. Il n'est plus qu'un objet de conversation, un objet de plaisanterie. Et la pension se repaît de l'histoire dans une sorte de cannibalisme verbal : « [...] *sacrebleu, messieurs, dit le répétiteur, laissez donc le père Goriot et ne nous en faites plus manger, car on l'a mis à toute sauce depuis une heure* » (p. 331).

Une dernière épreuve initiatique

Rastignac subit sa dernière épreuve initiatique – l'enterrement du père Goriot –, avant de se conformer aux lois du monde, celles-là mêmes qui ont tué le père Goriot. On peut voir en Rastignac un personnage qui accomplit un dernier acte de charité, peut-être pour se faire pardonner lui-même des péchés qu'il devra désormais commettre dans la réalisation de son ambition. D'une certaine manière, il a dû aussi tuer le père pour s'accomplir totalement.

Schéma narratif

Ce schéma narratif choisit le point de vue de Rastignac, pivot du roman d'éducation.

FONCTION DE L'ÉVÉNEMENT	PAGES	DURÉE	ÉVÉNEMENTS
Exposition			
Situation initiale	pp. 5 à 66	2 jours en novembre 1819	Présentation de la pension Vauquer, de sa tenancière et des sept pensionnaires.
Élément perturbateur			Eugène de Rastignac veut arriver. Il se rend au bal de la vicomtesse de Beauséant et tombe amoureux d'Anastasie de Restaud.
Initiation	pp. 66 à 110	Quinze jours environ	
Première épreuve			Visite chez les Restaud. Cette épreuve se solde par un échec. Eugène est éconduit de chez les Restaud.
Deuxième épreuve			Visite chez la vicomtesse de Beauséant. Elle lui donne quelques conseils, quelques éléments de compréhension du monde (Anastasie est la fille du père Goriot) et un but (une épreuve) : séduire la deuxième fille du père Goriot, la baronne de Nucingen, pour arriver.
Troisième épreuve			Affrontement avec Vautrin. L'épreuve est ambiguë. Elle est réussie dans la mesure où elle fait de Vautrin un nouvel initiateur de Rastignac, mais il lui propose une autre épreuve incompatible avec celle proposée par la vicomtesse de Beauséant : épouser Victorine. Un choix s'impose au héros.
Période de latence	pp. 110 à 194	Deux mois environ	Eugène apprend les bienfaits de l'apparence, le règne de l'argent, le jeu. Il ne parvient pas encore à faire son choix entre Delphine de Nucingen qui se refuse encore à lui et Victorine Taillefer.

2. LE CONTENU DE L'ŒUVRE

FONCTION DE L'ÉVÉNEMENT	PAGES	DURÉE	ÉVÉNEMENTS
Première résolution (dénouement)	pp. 194 à 266	Trois jours en février 1820	La pension apprend que Vautrin est un forçat. Il est arrêté. Malgré la mort du fils Taillefer, Eugène choisit sans hésiter la voie tracée par la vicomtesse de Beauséant. Il peut donc devenir l'amant de la baronne de Nucingen qui lui offre une garçonnière.
Deuxième résolution (dénouement)	p. 266 à fin	Cinq jours en février 1820	Deuxième dénouement : en assistant le père Goriot abandonné par ses filles et en payant son enterrement, Rastignac tue symboliquement le père. Il est libre, il a la connaissance et peut affronter la société pour faire fortune.

TROISIÈME PARTIE

LES PERSONNAGES DE L'ŒUVRE

3. LES PERSONNAGES DE L'ŒUVRE

PORTRAITS

LE PÈRE GORIOT

Héros éponyme du livre, le père Goriot semble destiné à être le centre même du roman. Balzac décrit avec un soin particulier son personnage principal « *sur la tête duquel un peintre aurait, comme l'historien, fait tomber toute la lumière du tableau* » (p. 23). Pourtant, le père Goriot est l'antihéros par excellence. « *Cet ancien fabricant de vermicelles, de pâtes d'Italie* », ce « *vieux rat sans queue* », cette « *pauvre créature rebutée* », « *ce souffre-douleur sur qui pleuvaient les plaisanteries* », à la pension Vauquer, n'est pas plus apprécié par la haute société qu'il n'impressionne le lecteur. Il est d'ailleurs significatif que la duchesse de Langeais écorche systématiquement son nom (Doriot, Loriot...). Le père Goriot n'impressionne personne.

Pourtant, dans l'optique du roman, il est une **énigme**. Même Vautrin se trompe sur le père Goriot en le prenant pour un viveur : « *C'est un imbécile assez bête pour se ruiner à aimer les filles qui...* » (p. 51). Les hypothèses se succèdent : un voleur, un receleur, un petit joueur, un espion attaché à la police... Dès le départ du roman et au-delà de la simple période d'exposition, le père Goriot garde un fort potentiel romanesque.

Il fait partie en fait, comme le père Grandet ou Balthazar Claës, de ces **monomanes de *La Comédie humaine***. Lui ne vit que pour une passion : ses deux filles. Il est, selon le mot de Balzac, « *un Christ de la Paternité* ». Tout le parcours romanesque du père Goriot s'explique par cette passion. En dehors de la paternité et d'un sens aigu du commerce des céréales, le père Goriot apparaît dénué de toute intelligence, de tout sentiment. Il réagit avec peu de sensibilité au sort de Vautrin ou de mademoiselle Taillefer. Les tentatives de séduction de la comtesse de l'Ambervilliers ou celles moins dangereuses probablement de madame Vauquer restent sans effet sur lui.

Le père Goriot – dont le « titre » est si révélateur : il est **père avant tout** – subit au cours du texte une « dématérialisation » qui le dépouille de toutes ses richesses, de toute sa matière. Le père

Goriot, au fur et à mesure qu'il cède ses richesses à ses filles ingrates, maigrit (son ventre piriforme et proéminent disparaît) et, comme allégé, s'élève d'étage en étage dans la pension Vauquer. Il se débarrasse de tout élément profane, matériel pour atteindre son essence de Père.

RASTIGNAC

Rastignac occupe dans l'œuvre une place d'observateur sagace du drame du père Goriot, celui dont la curiosité arrive à *« pénétrer les mystères d'une situation épouvantable »*. Il est le « détective du roman », celui qui regarde par les trous de serrure (il voit le père Goriot tordre sa vaisselle), celui qui effectue des enquêtes (il se renseigne sur le père Goriot et ses filles dans tous les milieux), celui qui écoute aux portes (une indiscrétion manifeste le met au courant des affaires de la comtesse de Restaud). Il est le « double du romancier ».

Mais ce roman n'est pas uniquement le drame du père Goriot observé par un jeune homme, c'est aussi, et peut-être surtout, l'histoire de l'apprentissage de ce jeune homme. **Rastignac est le héros d'un roman d'initiation**. À son arrivée à Paris, Rastignac est un néophyte qui ne connaît rien du monde. Doté d'un physique agréable : « [...] *visage tout méridional, le teint blanc, des cheveux noirs, des yeux bleus* » (p. 20), il est empli des illusions de la jeunesse, et son caractère ne paraît pas bien formé (seul son désir d'arriver transparaît). Il est à plusieurs reprises comparé à une vierge, à un ange, à une jeune fille : « *Eugène se défend comme une vierge* » (p. 176), « *Vous êtes un beau jeune homme, délicat, fier comme un lion et doux comme une jeune fille* » (p. 190). *Le Père Goriot* est bien l'histoire du dépucelage de Rastignac.

Ce personnage est né d'ailleurs avant *Le Père Goriot* dans *La Peau de chagrin,* roman de 1831, où il apparaissait comme un viveur cynique et désabusé. Au début de la rédaction du roman, le jeune héros du *Père Goriot* se nomme Eugène de Massiac. Puis Balzac décide d'identifier Eugène de Massiac avec Rastignac (au feuillet 43 du manuscrit) et d'avancer ensuite de cinq ans l'intrigue du *Père Goriot* qui se déroulait originellement en 1824, pour montrer l'apprentissage de l'homme même que le lecteur avait connu plus vieux dans *La Peau de chagrin.*

Commence alors pour Rastignac **une carrière de choix dans *La Comédie Humaine***. On le retrouve notamment dans *Profil de marquise, L'Interdiction, La Maison Nucingen, Splendeurs* *et Misères des courtisanes*. Devenu amant en titre de Delphine, Rastignac, qui se fait entretenir par elle, est toléré, accepté par le mari qui se dégage ainsi des petits soins du ménage. Rastignac vit ainsi jusqu'en 1827, date à laquelle il n'a aucune fortune. Lors de la grande liquidation, il sert d'auxiliaire à Nucingen et reçoit une grasse commission sous forme d'actions des mines de Wortschin. Riche, il entre dans la politique après 1830, se rallie, devient ministre et pair de France. Il finit par épouser la fille de Delphine. **La leçon de Vautrin a porté.**

VAUTRIN

La véritable identité de Vautrin n'apparaît que progressivement dans le roman. Balzac insiste fortement sur **sa description physique, symbole de force** : « *Il avait les épaules larges, le buste bien développé, les muscles apparents, des mains épaisses, carrées et fortement marquées aux phalanges par des bouquets de poils touffus et d'un roux ardent* » (p. 20). Mais, d'emblée, le narrateur omniscient souligne le déguisement : c'était un « *homme âgé d'environ quarante ans, qui portait une perruque noire, se teignait les favoris, se disait ancien négociant et s'appelait monsieur Vautrin* » (p. 14). Les favoris peints, la perruque, comme le doute émis par le « *se disait* », montrent qu'il s'agit d'une usurpation d'identité. Balzac distille aussi pour le lecteur une série d'indices. « *Il connaissait tout d'ailleurs, les vaisseaux, la mer, la France, l'étranger, les affaires, les hommes, les événements, les lois, les hôtels et les prisons* » (p. 21) : cette somme de connaissances de Vautrin ne peut qu'intriguer et même rendre soupçonneux le lecteur attentif qui voit bien à quoi peut mener cette accumulation, le dernier terme n'étant pas le moindre. Le mystère est là, mais lisible pour celui qui le veut bien. *Le Père Goriot* est la **révélation progressive de l'identité de cet homme**, en réalité un ancien forçat, Jacques Collin, dit Trompe-La-Mort.

Son rôle dans le récit est essentiellement d'être **initiateur et tentateur de Rastignac**. Initiateur, car il jette sur la société une lumière crue, il en dénonce le bourbier et montre à Rastignac les voies rapides de la réussite. Tentateur, car il lui suggère un pacte maléfique : faire tuer l'héritier Taillefer et épouser sa sœur pour la dot. Vestige romantique, un réseau d'images assimile d'ailleurs Vautrin à Lucifer, génie du mal, et au Sphinx, génie de la connaissance : « *sphinx en perruque* », « *se prit à sourire d'une façon diabolique* », « *les artifices du terrible sphinx* », « *le tentateur* », son « *infernal génie* », « *un poème infernal* », « *archange déchu qui veut toujours la guerre* »... Ce pacte est d'ailleurs refusé par Rastignac, et Maurice Bardèche a raison de souligner que le personnage de Vautrin, si important dans l'idéologie du roman, ne sert narrativement à rien : « *Car c'est en méditant sur le sujet du* Père Goriot *que l'on s'avise que Vautrin ne sert à rien. C'est le raisonneur de la comédie mais le drame est ailleurs...* »

La passion amoureuse de Vautrin pour Rastignac est à peine déguisée. Il déclare à Rastignac qu'il l'aime et s'exclame : « *Mais un homme est un dieu quand il vous ressemble : ce n'est plus une machine couverte en peau ; mais un théâtre où s'émeuvent les plus hauts sentiments, et je ne vis que par les sentiments* » (p. 193). Cette homosexualité de Vautrin s'exprimera plus nettement dans *Splendeurs et Misères des courtisanes*. Cet intérêt de Balzac pour les sexualités minoritaires s'était déjà manifesté antérieurement dans plusieurs œuvres : *Sarrasine, La Fille aux yeux d'or, Une passion dans le désert*...

Cette particularité est d'autant plus frappante que Balzac s'est inspiré pour son personnage de Vautrin d'un modèle vivant qui dénonçait justement la pédérastie comme un vice. Il s'agit du **fameux policier Vidocq**, ancien forçat qu'il a rencontré chez le philanthrope Benjamin Appert, directeur des prisons. En 1846, dans une lettre à Hippolyte Castille, Balzac n'hésite pas à souligner cette inspiration : « *Je puis vous affirmer que le modèle existe, qu'il est d'une épouvantable grandeur et qu'il a trouvé sa place dans le monde de notre temps. Cet homme était tout ce qu'était Vautrin, moins la passion que je lui ai prêtée. Il était le génie du mal, utilisé d'ailleurs.* » Tous les développements et les retournements que pouvait suggérer le personnage de Vidocq seront utilisés après *Le Père Goriot*. Dans le roman même, le personnage de Vidocq est éclaté entre Vautrin et Gondureau, le policier qui arrête Vautrin et que Balzac nomme auparavant Vidocq sur son manuscrit.

Il faut voir également, comme le montre P.-G. Castex, dans la genèse de Vautrin l'influence de Diderot et du *Neveu de Rameau*, de Restif de La Bretonne, du roman noir de la Restauration. Il doit d'ailleurs beaucoup à Balzac lui-même puisqu'il fait de Vautrin en partie l'interprète de sa vision de la société. Faire d'un bagnard son orateur, n'est-ce pas là encore l'une des profondes contradictions du Balzac légitimiste ?

3. LES PERSONNAGES DE L'ŒUVRE

BEAUSÉANT (CLAIRE DE BOURGOGNE, VICOMTESSE DE)

Elle est, par son nom et sa fortune, l'une des sommités du monde aristocratique. On peut mettre ce personnage en parallèle avec le père Goriot : tous deux sont trahis par ceux qu'ils aiment, tous deux choisissent une forme d'**exil**. Le père Goriot meurt et la vicomtesse quitte la société. Sa noblesse est déjà un peu surannée dans la société de la Restauration. La suite de ses amours est contée dans *La Femme abandonnée*. C'est aussi, tout comme Vautrin, un **personnage initiateur** pour Rastignac.

RESTAUD (ANASTASIE DE)

Fille aînée du père Goriot, c'est au début du roman **la femme désirable** pour Eugène. Elle est déjà la maîtresse de Maxime de Trailles pour qui elle se compromet affreusement et pour qui elle ruine son père. Cette aventure, effleurée dans *Le Père Goriot,* est narrée dans le détail dans *Gobseck*.

NUCINGEN (DELPHINE DE)

Fille cadette du père Goriot, elle a épousé le baron Nucingen. Après une liaison avec de Marsay, elle devient la **maîtresse de Rastignac**. Entre les deux sœurs, existe une rivalité historique : l'une s'est hissée dans l'aristocratie, l'autre s'est greffée dans la nouvelle bourgeoisie. Malgré les apparences, puisque les salons de l'aristocratie sont fermés au début du roman à Delphine de Nucingen, c'est bien de son côté, comme le montre le reste de *La Comédie humaine,* que va l'histoire.

BIANCHON (DOCTEUR HORACE)

Un des personnages les plus fréquents de *La Comédie humaine*... On le retrouve au chevet des personnages dont la maladie, les blessures ou la mort comptent dans la trame dramatique du roman. Il représente le type du médecin au diagnostic sûr. Étudiant dans *Le Père Goriot*, il devient vite un éminent savant. Il soigne son maître Desplein (*La Messe de l'athée*), Lucien (*Illusions perdues*), madame Philippe Brideau (*La Rabouilleuse*).

Madame Vauquer

Tenancière de la pension Vauquer, elle est la **Gorgone des Enfers du faubourg Saint-Marceau**. Selon un procédé cher à Balzac, elle représente emblématiquement le milieu où elle vit : comme la pension, elle est fanée, négligée, sordide, fétide...

Son avarice en fait une sorte de **Grandet femelle**. Personnage mis en avant au début du roman, son potentiel romanesque se réduit finalement : cette femme aigrie n'est qu'un archétype de la littérature populaire du XIXe siècle. Le mystère qu'elle entretient sur sa vie de tenancière de pension ne laisse guère de doute sur sa vie passée. Comme l'écrit Pierre Barbéris dans « *Le Père Goriot* » *de Balzac* : « *Madame Vauquer est soit une ancienne fille, soit une ancienne tenancière de maison de prostitution, soit une ancienne " marieuse " qui aspire à la bourgeoisie, mais qui a gardé des réflexes et des habitudes.* »

Mademoiselle Michonneau

C'est le **traître** du *Père Goriot*. « *Je lui trouve les bosses de Judas* » dit d'elle Bianchon. Son passé trouble reste caché et ne fait l'objet que de quelques interrogations au début du roman. « *Quel acide avait dépouillé cette créature de ses formes féminines ? elle devait avoir été jolie et bien faite : était-ce le vice, le chagrin, la cupidité ? avait-elle trop aimé, avait-elle été marchande à la toilette, ou seulement courtisane ?* » (p. 16). Quelques éléments au long de l'histoire laissent cependant entrevoir un **passé de fille de joie**.

Comme Vautrin, elle sait lire dans les cœurs, voir dans les âmes et possède une vision désabusée de l'humanité. Elle est dans la pension une sorte de **Cassandre**, de **Pythie**. Elle prévoit ainsi l'échec de Victorine dans sa conquête amoureuse : « *Elle est coupable d'aimer M. Eugène de Rastignac, et va de l'avant sans savoir où ça la mènera, pauvre innocente !* » (p. 204). Par mépris, Vautrin refuse de reconnaître en elle un double. Cette erreur d'appréciation, au moins autant que la cupidité, motivera la trahison de mademoiselle Michonneau qui le livre à la police.

Poiret

Personnage *a priori* méprisé de tous, sans ambition et sans épaisseur, il est l'**archétype de ces cols blancs** dont Balzac fera son roman *Les Employés* en 1837. La description de Balzac se fait sous le signe du **vide** et du **manque**. Ailleurs Vautrin déclare : « *Un homme est tout ou rien. Il est moins que rien quand il se nomme Poiret : on peut l'écraser comme une punaise, il est plat et il pue* » (p. 193).

Pourtant Poiret est l'un des rares personnages du roman qui, comme Goriot, assume sa passion amoureuse. Il se précipite pour défendre mademoiselle Michonneau devant Vautrin et s'exclut à sa suite de la pension Vauquer. Certes cette passion est traitée sur le mode parodique aussi bien par la pension qui multiplie les surnoms (« *Apollon-Poiret* », « *Mars-Poiret* », « *Courageux-Poiret* », p. 245) que par le narrateur. Mais ce fantoche sans épaisseur et à la « *culotte presque vide* » (ne faut-il pas y voir signe d'impuissance ?) représente dans *Le Père Goriot* **l'un des vestiges de la passion amoureuse et chevaleresque** dans une société où triomphent cupidité et comédie.

VICTORINE TAILLEFER

Victorine Taillefer aurait pu être l'**héroïne d'un roman**. « *Son histoire eût fourni le sujet d'un livre* », écrit Balzac. Cette quasi-orpheline finalement reconnue par son père appartient au registre du mélodrame.

Mais **son destin romanesque est en friche**. C'est ce qui différencie *Le Père Goriot* d'un roman populaire. Délaissée par Eugène, elle est également abandonnée par le narrateur. Comme l'écrit Gérard Gengembre : « *Son exclusion de l'intrigue signifie aussi l'exclusion du sentiment plein, harmonieux, heureux, de la nature humaine réconciliée avec elle-même. Il n'a pas sa place dans la société* » (Balzac, *Le Père Goriot*, coll. « Textes et contextes », Magnard, 1985).

QUATRIÈME PARTIE

LES THÈMES MAJEURS DE L'ŒUVRE

4. LES THÈMES MAJEURS DE L'ŒUVRE

PATERNITÉ

« [...] *quand j'ai été père, j'ai compris Dieu* » (p. 158).

UNE OBSESSION BALZACIENNE

Dans une lettre à madame Hanska, Balzac précise sa conception de la paternité, une paternité absolue. Il veut faire « *la peinture d'un sentiment si grand que rien ne l'épuise, ni les froissements, ni les blessures, ni l'injustice ; un homme qui est père comme un* saint, *un martyr est chrétien.* »

Une obsession de la littérature de jeunesse

Balzac s'intéresse depuis longtemps au sentiment paternel. Ses romans de jeunesse écrits pour la plupart sous pseudonyme en témoignent. Le sombre Borgino de *Falthurne,* le roi Jean III de *Clothilde de Lusignan*, et sir Georges dans *Wann-Chlore* sont des pères très aimants. Plus tard, *Ferragus,* écrit en 1833, est la première grande incarnation paternelle dessinée par Balzac.

Une expérience personnelle

Cette obsession déjà ancienne a probablement été activée chez Balzac par sa propre expérience. De « Maria », la longtemps mystérieuse dédicataire d'*Eugénie Grandet*, était née, le 4 juin 1834, une petite fille que Balzac a pensé pouvoir considérer comme sienne et qu'il a d'ailleurs nommée dans son testament.

Un contrepoids aux pères indignes

Dans ses dernières œuvres, Balzac venait d'ailleurs de dépeindre quelques pères indignes, monomanes d'autres passions. On peut penser qu'il a voulu créer un contrepoids à deux de ses personnages précédents : le père Grandet et Balthazar Claës. Le premier sacrifie sa fille à son avarice, le deuxième, ses enfants à la passion de la recherche.

UNE PATERNITÉ PASSIONNELLE

Le père Goriot, un grand passionné de *La Comédie humaine*

Par amour pour ses filles, le père Goriot se ruine, se met à l'écart de la société et même finit par mourir puisqu'il les gêne. Le père Goriot vit sa paternité comme une sorte de miracle : « *Je ne peux pas vous expliquer ça : c'est des mouvements intérieurs qui répandent l'aise partout. Enfin, je vis trois fois. Voulez-vous que je vous dise une drôle de chose ? Eh bien ! quand j'ai été père, j'ai compris Dieu. Il est tout entier partout, puisque la création est sortie de lui. Monsieur, je suis ainsi avec mes filles. Seulement, j'aime mieux mes filles que Dieu n'aime le monde, parce que le monde n'est pas si beau que Dieu, et que mes filles sont plus belles que moi* » (p. 158). Au fur et à mesure que le roman avance, le père Goriot perd toute sa fortune et même sa chair jusqu'à ne plus représenter que l'essence de la paternité.

Cette paternité presque mystique le rapproche de Dieu. Bianchon se permet une plaisanterie qui, sous son apparence blasphématoire, est vraie : « *[…] je lui ai pris la tête : il n'y a qu'une bosse, celle de la paternité, ce sera un Père* Éternel » (p. 101). Ceci autorise Balzac à définir le père Goriot comme « *un Christ de la Paternité* ».

Une paternité immorale ?

Ce rapprochement avec la religion, tout comme le caractère fortement érotisé de la passion du père Goriot pour ses filles ont motivé un certain nombre de critiques. Dans sa préface ajoutée dans la seconde édition Werdet, le 1er mai 1835, Balzac écrit : « *Les feuilles publiques aussi l'ont renié sous prétexte qu'il* [le père Goriot] *était immoral.* »

Le père Goriot exprime brutalement la réalité : « *Mes filles, c'était mon vice à moi ; elles étaient mes maîtresses, enfin tout !* » (p. 315). L'identification qui s'opère par rapport à Rastignac paraît tout à fait perverse. Il offre à sa fille la garçonnière où elle pourra connaître le bonheur et il se cantonne à ce moment dans un rôle singulier de voyeur et à court terme de gêneur. Chaque soir, Goriot demande à Rastignac sa part de compte rendu et souhaite qu'Eugène rende sa fille « heureuse », adjectif chargé de sens puisque Delphine a avoué n'avoir jamais connu le plaisir physique. **Double, voire doublure de l'amant, Goriot est donc condamné à disparaître.**

Une représentation caricaturale de la famille

À l'exception du père Goriot (mais les filles par leur ingratitude font mieux que contrebalancer le sentiment paternel), la vision de la famille présentée par Balzac est singulièrement négative.

Des pères indignes

Tous les autres pères du roman sont soit mis à distance, soit critiqués. Le père de Rastignac est absent, c'est d'ailleurs celui à qui l'on ne peut demander de l'argent. Le père Taillefer est un père indigne, le père Restaud déshérite ses enfants.

L'usurpation des titres de paternité

Les titres de paternité sont souvent usurpés dans *Le Père Goriot*. Ainsi Vautrin appelle madame Vauquer maman, Victorine fait de même avec madame Couture, Eugène, qui n'est pas orphelin, nomme Goriot papa : tout est fait pour semer le doute sur la filiation, pour la rendre douteuse et quelquefois même ridicule. Plus inquiétant encore est le sentiment paternel « dévorant » que Vautrin éprouve pour Rastignac : « *Vautrin regarda Rastignac d'un air paternel et méprisant, comme s'il eût dit : Marmot ! dont je ne ferais qu'une bouchée !* » (p. 100).

La caricature de la famille

La famille, comme cocon protecteur, est niée dans *Le Père Goriot*. Vautrin en propose une idéalisation révélatrice avec le souhait d'une vie de négrier et de ces grands enfants que l'on peut fouetter et vendre impunément : « *Des nègres, voyez-vous ? c'est des enfants tout venus dont on fait ce qu'on veut, sans qu'un curieux de procureur du roi arrive vous en demander compte* » (p. 131). L'autre avatar de la famille est cette réunion sordide des pensionnaires autour de la table de la maison Vauquer. Deux personnages expriment la haine de la famille. Vautrin n'est « *pas curieux de* [se] *replanter ici par bouture* » (p. 192) et madame Vauquer, dans un calembour involontaire, déclare que les femmes ont d'autres maladies que les hommes : « *Nous faisons les enfants, et le mal de mère dure longtemps !* » (p. 228).

Honoré de Balzac, en 1834, ne peut que critiquer ce fait. Selon ce légitimiste convaincu, la société repose sur la famille. Dans son agonie, le père Goriot déclare : « *Je proteste. La patrie périra si les pères sont foulés aux pieds. Cela est clair. La société, le monde roulent sur la paternité, tout croule si les enfants n'aiment pas leurs pères »* (p. 315). Il annonce sans doute la révolution de 1830 et, au-delà, les désillusions de la monarchie de Juillet.

Rapprochements

Outre l'intertexte balzacien, l'œuvre dont les recoupements avec *Le Père Goriot* sont les plus intéressants est *Le Roi Lear* de Shakespeare. Lear, qui a tout donné à deux de ses filles et à leurs gendres, déshéritant sa troisième fille Cordélia qui était pourtant la seule affectueuse, s'entend dire par son fou : « *Tu as coupé ton empire en deux, et tu n'as rien laissé pour toi dans le milieu.* » Il manque à Goriot la fille idéale, Cordélia. Elle existe dans le roman en la personne de Victorine. Mais les jeux sont mal faits, et Victorine n'a pas de père aimant. Dans un tout autre registre, *Le Père Goriot* annonce également le pélican de Musset dans *La Nuit de mai* (1835), qui donne son cœur pour nourrir ses enfants : « *Pour toute nourriture, il apporte son cœur. / Sombre et silencieux, étendu sur la pierre, / Partageant à ses fils ses entrailles de père, / Dans son amour sublime, il berce sa douleur, / Et, regardant couler sa sanglante mamelle, / Sur son festin de mort, il s'affaisse et chancelle, / Ivre de volupté, de tendresse et d'horreur.* »

4. LES THÈMES MAJEURS DE L'ŒUVRE

UN ROMAN D'ÉDUCATION

« *Son éducation s'achevait.* » (p. 305).

Le Père Goriot est pour une grande part le roman d'éducation de Rastignac. Placé à la croisée des chemins, le jeune homme doit choisir. D'après Pierre Barbéris dans *Le Monde de Balzac*, « *le roman balzacien – roman vécu, roman écrit – est, dès sa naissance, un roman d'éducation, un roman du dénombrement et la prise de mesure du monde extérieur et de soi-même, des multiples interférences de l'un à l'autre, de l'une à l'autre image* ». Tel est l'enjeu illustré de façon ironique par le papier verni de la pension Vauquer qui représente les aventures de Télémaque. C'est une véritable mise en abyme car *Télémaque*, écrit en 1699, pour l'éducation du duc de Bourgogne, représente le prototype du roman d'éducation et d'apprentissage.

RASTIGNAC : UN MODÈLE DU ROMAN D'ÉDUCATION

Le roman d'éducation suppose un jeune homme à initier, un parcours en général social, des initiateurs et des épreuves.

Un jeune homme à initier

Le Père Goriot s'ouvre sur le *topos* du jeune homme venu de province. Eugène de Rastignac se situe dans une longue tradition, celle de d'Artagnan par exemple. Mais il n'est plus question de faire fortune par les armes. L'aristocratie s'adapte à la monarchie bourgeoise en devenir. Après une année d'études de droit, au début du roman, Rastignac n'est plus convaincu du bien-fondé de ce choix et décide d'entrer dans la haute société et de parvenir par les femmes.

Un parcours plus gnostique que social

Au terme du roman, le bilan est ambigu. Certes Rastignac va maintenant habiter une garçonnière rue d'Artois, ce qui le rapproche du centre des plaisirs, mais Rastignac, en haut du cimetière, est aussi pauvre qu'au début du roman. Le gain est ailleurs. Le parcours géographique accompli dans Paris montre l'accès à la connaissance. Des catacombes de la pension Vauquer, Rastignac est passé aux hauteurs du Père-Lachaise. Là, il contemple Paris dont il a une connaissance complète. Il peut lancer son défi à la société. Le lecteur sait que Rastignac, quel que soit le nombre des années (et le nombre de romans), va arriver.

Des initiateurs

Selon la définition de Pierre Barbéris, « *l'initiateur est l'être d'expérience et d'avenir qui déniaise, fournit des recettes, indique des chemins de traverse, propose un pacte, trouve plus ou moins un écho dans la conscience du jeune homme, incarne finalement ses tentations secrètes et l'aide à faire le bond de l'inconscience à la conscience* ». Rastignac trouve sur son parcours plusieurs initiateurs : une bonne fée, la vicomtesse de Beauséant (« *une de ces fées fabuleuses qui se plaisaient à dissiper les obstacles autour de leurs filleuls* », p. 86) et un démon, Vautrin (un « *infernal génie* »). Pourtant, comme le note lucidement Eugène, l'enseignement est pour tous deux le même : il faut se faire coup de canon, arriver par les femmes, la société est un bourbier où l'on joue gros jeu.

Des épreuves à réussir

Rastignac connaît plusieurs épreuves qu'il affronte plus ou moins brillamment. Il se fait fermer les portes de la maison Restaud mais ouvrir le salon de madame de Beauséant. Il échoue dans la conquête d'Anastasie de Restaud mais devient l'amant de sa sœur. Il refuse la dot Taillefer mais se fait offrir une garçonnière. L'ultime épreuve est sans doute celle de la mort du père Goriot, qui arrive naturellement à la fin du roman. Comme l'explique Pierre Barbéris dans *Le Monde de Balzac* (Arthaud, 1971) : « *Il est naturel que Rastignac ne se connaisse qu'une fois Goriot mort et enterré. La mort d'un père, ou de quiconque a été chargé par nous de jouer ce rôle, nous coupe de nos racines et, nous faisant adultes, nous investit soudain d'une responsabilité, nous oblige à lui succéder.* »

Bianchon : un autre modèle d'éducation

Rastignac présente un modèle d'éducation par le monde, son ami Bianchon, l'étudiant en médecine, un modèle de réussite par le travail. Fils d'une éducation bourgeoise, Bianchon se propose de reprendre la charge de son père : « *Moi, je suis heureux de la petite existence que je me créerai en province, où je succéderai tout bêtement à mon père* » (p. 163). Au printemps de 1834, Balzac écrivait pour le *Nouveau Tableau de Paris au XIXe siècle* une physiologie des jeunes gens. Il divisait cette jeunesse en deux variétés : ceux qui travaillent et ceux qui ne font rien mais acquièrent dans les loisirs de la bohème les connaissances mondaines. Ces deux groupes anonymes trouvent en Rastignac et en Bianchon deux éminents représentants.

TUER LE MANDARIN : L'ALLÉGORIE DE L'INITIATION ?

Une représentation audacieuse de l'initiation est l'image du mandarin chinois qu'il faut tuer à distance pour réussir. Ce mandarin trouve plusieurs incarnations dans le roman : c'est Victorine Taillefer que Rastignac peut épouser sans amour, c'est le père Goriot que ses deux filles abandonnent, mais c'est aussi la conscience de Rastignac que celui-ci, pour réussir, devra abandonner.

RAPPROCHEMENTS

Bien des romans de Balzac sont des romans d'apprentissage ou d'éducation. Les plus connus sont *Illusions perdues* (où l'apprentissage de Lucien de Rubempré se fait sur le mode de l'échec) et *Le Lys dans la vallée*, roman de l'éducation sentimentale de Félix de Vandenesse. Mais Rastignac fait aussi songer à Julien Sorel, le héros du *Rouge et le Noir* de Stendhal (1830). Il a, souligne Michel Raimond, comme « *Julien, la candeur de son âge, la conscience de sa valeur, une âpre résolution à la lutte, il connaît les mêmes souffrances de l'amour-propre blessé, il laisse échapper les mêmes réflexions secrètes, parfois, dans des bribes de monologue intérieur. Il veut comme Julien au sortir de sa province conquérir Paris* » (*Le Roman depuis la Révolution*, Armand Colin, 1985). Rastignac va ensuite servir de modèle à toute une panoplie de jeunes gens désireux d'arriver, depuis Frédéric Moreau de Flaubert jusqu'aux *Déracinés* de Barrès. Ainsi, dans *L'Éducation sentimentale*, autre roman d'apprentissage, Flaubert fait évoquer Rastignac par Deslauriers pour inciter Frédéric Moreau à parvenir par les femmes : « *Mais je te dis là des choses classiques, il me semble ? Rappelle-toi Rastignac dans* La Comédie humaine *! Tu réussiras, j'en suis sûr !* »

PARIS

« *Paris, voyez-vous, est comme une forêt du Nouveau-Monde où s'agitent vingt espèces de peuplades sauvages, les Illinois, les Hurons, qui vivent du produit que donnent les différentes classes sociales.* » (p. 133).

PARIS VU PAR BALZAC

Paris au temps de Balzac

Il faut se souvenir qu'il s'agit du Paris d'avant les grands travaux d'Haussmann. C'est encore une ville ancienne, sans trottoir et dont le système d'égouts est inachevé. C'est également un Paris très hiérarchisé où l'on se loge selon sa classe sociale.

Le Paris symbolique de Balzac

Le Paris de Balzac est encore plus nettement divisé que le Paris réel. Il existe une hiérarchisation des lieux qui va du faubourg Saint-Germain, temple des temples, au faubourg Saint-Marceau, quartier de la pension Vauquer décrit comme des catacombes. Très proche du faubourg Saint-Germain se trouve le quartier de la Chaussée-d'Antin où se logent les gens riches – Nucingen, mais aussi dans la réalité Ouvrard, Perrégaux, Laffitte et compagnie.

LES MÉTAPHORES DE PARIS

Sur Paris, Balzac se laisse emporter par sa verve. Après avoir décrit au début de son œuvre un Paris « femme », Balzac s'attache à une image de Paris plus troublante, perte de soi-même et recherche du monde, un Paris « océan », un Paris « bourbier », un Paris « labyrinthe ».

Paris « océan »

Le narrateur lui-même donne dans *Le Père Goriot* le premier maillon de ce réseau métaphorique : « *[…] Paris est un véritable océan. Jetez-y la sonde, vous n'en connaîtrez jamais la profondeur.*

Parcourez-le, décrivez-le ! quelque soin que vous mettiez à le parcourir, à le décrire ; quelque nombreux et intéressés que soient les explorateurs de cette mer, il s'y rencontrera toujours un lieu vierge, un antre inconnu, des fleurs, des perles, des monstres, quelque chose d'inouï, oublié par les plongeurs littéraires » (p. 18). Les images sont ensuite beaucoup plus effrayantes, quelquefois cyniques. Rastignac est dit trop jeune pour se gouverner sur l'océan de Paris et s'y livrer à la « traite des femmes »...

Paris « bourbier »

« [...] *votre Paris est donc un bourbier* » (p. 59) s'écrie Rastignac lorsqu'il croit comprendre que Goriot entretiendrait Anastasie de Restaud. Cette métaphore sera filée dans tout le roman. Oui, Paris est un bourbier. Au sens propre d'abord, les rues de la capitale n'épargnent pas les bottes des jeunes gens qui doivent aller à pied, et Rastignac doit dépenser une pièce de trente sous pour remettre ses souliers en état avant d'entrer chez madame de Restaud. Mais surtout Paris est un bourbier moral. La duchesse de Langeais explique : « *Le monde est un bourbier, restons sur les hauteurs.* » Selon le mot de Gérard Gengembre : « *Ce n'est pas seulement au retour d'un bal que l'on crotte ses bas de soie, ou en allant rendre visite aux belles dames, mais c'est dans tout parcours social, dont la boue dit comme par métonymie la vérité essentielle, il souille de façon indélébile* » (*Le Père Goriot*, coll. « Textes et contextes », Magnard, 1985).

Paris « labyrinthe »

En fait, il s'agit pour tous les jeunes gens « *d'étudier les issues du labyrinthe parisien* ». Mais à force de chercher la réussite, et l'argent, on risque de se perdre dans ce dédale. Tel est sans doute le destin de Rastignac qui, après avoir résisté à Vautrin, trouve lui-même une voie aussi sordide pour réussir. Rastignac, l'hypersensible qui, à tout moment du roman, s'épanche, verse sa dernière larme en haut du Père-Lachaise. Le labyrinthe n'a plus de secrets mais l'homme s'est perdu.

LE PÈRE GORIOT : *UNE TRAVERSÉE RÉUSSIE DE PARIS ?*

De nombreux critiques ont analysé *Le Père Goriot* comme une traversée réussie de Paris. Annette Rosa et Isabelle Tournier dans leur *Balzac* (Armand Colin, 1992) écrivent ainsi : « *Par-delà les méandres de son intrigue,* Le Père Goriot *peut aussi se lire comme une traversée réussie de Paris. Entre la colline du Panthéon et celle du Père-Lachaise, un parcours initiatique mène Rastignac d'une mort symbolique – en ouverture aux enfers parisiens, la rue de la pension Vauquer semble conduire aux "Catacombes" – à une seconde naissance, sur la tombe du père Goriot, du haut de laquelle il peut lancer son célèbre défi à une société enfin déchiffrée.* » Il s'agit pour Eugène d'arriver à dominer cette société parisienne. Paris n'est pas seulement le décor de cette ascension sociale, c'est son espace même.

RECOUPEMENTS

Aux yeux de la génération romantique, Paris devient un objet neuf, un spectacle à regarder autrement. Hugo fonde son roman historique sur les tours de Notre-Dame-de-Paris. Dans *Ferragus* ou dans *La Fille aux yeux d'or*, Balzac détaille son amour de Paris et de sa poésie : « *Ô Paris ! Qui n'a pas admiré tes sombres paysages, tes échappées de lumière, tes culs-de-sac profonds et silencieux ; qui n'a pas entendu tes murmures, entre minuit et deux heures du matin, ne connaît encore rien de ta vraie poésie, ni de ses bizarres et larges contrastes.* » Tout le XIXe siècle mettra en scène Paris et ses transformations (avec Haussmann) : Paris « femme », Paris « monstre », Paris « labyrinthe ». On a pu dire que Baudelaire avait inventé le paysage urbain dans les « Tableaux parisiens » des *Fleurs du mal* ou dans les « Petits poèmes en prose » du *Spleen de Paris*. Mais l'entreprise, une fois encore, qui se rapproche le plus de *La Comédie humaine* est celle de Zola avec les *Rougon-Macquart*. Là encore, Paris est plus qu'un décor, une gigantesque « machine-monde » qui évolue et dont il s'agit de comprendre les rouages. Dans *La Curée, Le Ventre de Paris, L'Assommoir*, Zola ne cesse de revenir sur ces évolutions gigantesques de Paris qui influencent tant la destinée de ses héros. Paris, en tant que personnage, est souvent mis en scène dans des combats de titans. Ainsi Saccard dans *La Curée* construit toute sa fortune sur un affrontement personnalisé avec Paris : « *Oui, oui, j'ai bien dit, plus d'un quartier va fondre, et il restera de l'or aux doigts des gens qui chaufferont et remueront la cuve. Ce grand innocent de Paris ! Vois comme il est immense et comme il s'endort doucement ! C'est bête, ces grandes villes ! Il ne se doute guère de l'armée de pioches qui l'attaquera un de ces beaux matins, et certains hôtels de la rue d'Anjou ne reluiraient pas si fort sous le soleil couchant, s'ils savaient qu'ils n'ont plus que trois ou quatre ans à vivre.* »

4. LES THÈMES MAJEURS DE L'ŒUVRE

INDEX THÉMATIQUE

ARGENT

Dans l'œuvre

La grande leçon du *Père Goriot* est que l'argent est le maître mot de la vie sociale. Dans *Le Père Goriot*, on joue, on spécule, on vole, on prête avec usure... Rastignac arrive à un moment de l'histoire où le titre et le nom ne suffisent plus, il faut l'argent : « *Il vit le monde comme il est : les lois et la morale impuissantes chez les riches, et vit dans la fortune l'ultima ratio mundi* » (pp. 98-99). L'avenir est du côté de la Chaussée-d'Antin et du baron de Nucingen. Les trois héros du roman le sentent bien à des degrés divers. Vautrin est le banquier des forçats, Rastignac veut avoir le banquier par sa femme, le père Goriot lui-même a une sorte de lucidité qui lui permet en un clin d'œil de débrouiller les affaires de Nucingen.

Un champ lexical et métaphorique sur l'argent et sa concrétisation, l'or, envahit le texte. Beaucoup de métaphores, de comparaisons sont basées sur le système monétaire. *Le Père Goriot* est un roman où « *l'on escompte la mort de son père* », où l'on « *ne veut pas coûter un plaisir* », où « *l'on est vilaine comme l'or* », où l'on peut rendre son père « *heureux à bon marché* », où « *l'argent donne tout, même des filles* »...

Selon le mot de Vautrin, Eugène devient vite « *un chasseur de millions* ». Car l'argent perd aussi quelquefois de sa réalité sordide dans *Le Père Goriot*. Il devient alors un matériau fantastique, presque magique, qui procure instantanément tous les plaisirs et qu'il s'agit de traquer. C'est le signe de la réalisation des besoins élémentaires, la matérialisation des désirs les plus fous. Il est la nourriture physique et mystique dont on se repaît. Il n'est pas alors étonnant de le voir métaphoriquement représenté par le pain, autre symbole à double potentialité, l'une matérielle, l'autre mystique. Goriot s'écrie devant madame Vauquer : « *[...] j'ai sur la planche du pain de cuit pour long-temps* » (p. 25), et Vautrin : « *Le four est chaud, la farine est pétrie, le pain est sur la pelle ; demain, nous en ferons sauter les miettes par-dessus notre tête en y mordant.* »

Rapprochements

Toute l'œuvre de Balzac montre cette évolution essentielle de la société de la Restauration et plus encore de la monarchie de Juillet. « *L'argent est la seule puissance de ce temps* », écrit Balzac dans la préface du *Cabinet des Antiques*. Dans *Gobseck*, le héros éponyme explique : « *L'on ne refuse rien à qui lie et délie les cordons du sac.* » Depuis *Manon Lescaut*, le roman de l'abbé Prévost, l'argent est à la fois un moteur social et un moteur narratif. La grande saga des *Rougon-Macquart* d'Émile Zola n'y échappe pas avec Aristide Saccard qui, dans *La Curée* et *L'Argent*, voit sous la forme d'une gigantesque faillite tout un empire monétaire s'effondrer.

ARISTOCRATIE

Dans l'œuvre

Cette société ultra-fermée et élitiste est minée par un événement historique : la Révolution de 1789. Cette réalité donne un aspect suranné à l'aristocratie du faubourg Saint-Germain, qui semble défendre son dernier bastion. Lors du premier contact entre le comte de Restaud et Rastignac, la conversation s'oriente immédiatement vers le passé. La Révolution pourtant laisse des traces : Restaud a épousé une roturière, le salon de madame de Beauséant s'ouvre finalement à Delphine, la vicomtesse de Beauséant se retire sans que le monde s'écroule... La vérité de la société est peut-être plus à la Chaussée-d'Antin qu'au faubourg Saint-Germain. Le Nom ne suffit plus.

Balzac, légitimiste et réactionnaire, peint pourtant dans *La Comédie humaine* des aristocrates étroits d'esprit et décadents. C'est en ce sens que Balzac, malgré ou à cause de ses opinions politiques, est un observateur exceptionnel de la société en mutation. Ce sont, par exemple, les prises de position de Balzac sur l'aristocratie qui permettent à Bernard Guyon d'écrire : « *Nous voyons [...] se dessiner une espèce de divorce entre l'attitude politique officielle de Balzac – traditionaliste et conservatrice – et l'enseignement qui se dégage de l'ensemble de son œuvre de romancier, laquelle, alimentée par des forces profondes dont il est plus ou moins conscient, s'oriente dans le sens de la critique des institutions et des mœurs et d'un non-conformisme vigoureux allant parfois jusqu'à l'anarchie* » (*La Pensée politique et sociale de Balzac*, Colin, 1947).

Pour la première fois, les sociétés se mélangent, s'abâtardissent. Delphine de Nucingen qui reçoit en déshabillé, Anastasie de Restaud très décolletée ou avec ses fleurs de pêcher sur la tête (quel aveu !) n'ont rien à voir avec la classe dédaigneuse des Langeais ou des Beauséant. Car ce sont les femmes aristocrates qui maintiennent dans *Le Père Goriot* l'esprit de caste. Les hommes sont des « gigolos », des arrivistes. Maxime de Trailles et Rastignac sont jetés dans l'escroquerie par la déchéance de leur classe.

Rapprochements

Dans *La Duchesse de Langeais*, Balzac avait déjà exprimé l'essence de l'aristocratie, une élite en perte de vitesse faute de conscience historique : « *Concentrée dans son faubourg Saint-Germain, où vivait l'esprit des anciennes oppositions féodales mêlé à celui de l'ancienne cour, l'aristocratie, mal unie au château des Tuileries, fut plus facile à vaincre, n'existant que sur un point et surtout aussi mal constituée qu'elle l'était à la Chambre des pairs. Tissue dans le pays, elle devenait indestructible ; acculée dans son château, étendue dans le budget, il suffisait d'un coup de hache pour trancher le fil de sa vie agonisante.* » Dans la littérature du XIXe siècle, l'aristocrate devient accessible. Témoin cette réflexion du marquis de la Mole, dans *Le Rouge et le Noir* (1830), dont la fille veut épouser le roturier Julien Sorel : « *Qui l'eût pu prévoir ? se disait-il. Une fille d'un caractère si altier, d'un génie si élevé, plus fière que moi du nom qu'elle porte ! dont la main m'était demandée d'avance par tout ce qu'il y a de plus illustre en France ! Il faut renoncer à toute prudence. Ce siècle est fait pour tout confondre ! Nous marchons vers le chaos.* » Et de Maupassant (*Une vie*) à Flaubert (*Madame Bovary*), tout montre que l'aristocratie est dépassée, dans une société qui évolue malgré elle. Il faut attendre Proust pour qu'elle retrouve un sommet, mais de l'ordre du symbole, du mythe.

CONDITION FÉMININE

Dans l'œuvre

Ramenées par le Code civil de 1804 à leur minorité d'Ancien Régime, les femmes, chez Balzac, sont condamnées à l'aliénation par le mariage (Delphine de Nucingen), puis au désenchantement par l'adultère (la vicomtesse de Beauséant). Cette conception de la condition féminine tient plus de la vision maussade de la société de 1835, société de la monarchie bour-

geoise, que de celle de 1819. Comme l'explique Pierre Barbéris :
« *Les femmes de trente ans, mal mariées, amantes délaissées, ou revenues de leur aveuglement, femmes découvrant qu'elles sont en fait demeurées solitaires dans le mariage sont des figures du désenchantement* » (*Balzac et le Mal du siècle, 1830-1833*, Gallimard, 1970).

Rapprochements

En s'intéressant à la condition des femmes, Balzac rejoint quelques femmes-écrivains de premier plan. Germaine de Staël avait avant lui, à travers sa vie et ses romans, souligné la tragédie de la destinée des femmes. *Delphine* (1802) plaide en faveur du droit du cœur contre les préjugés sociaux. Les premiers romans de George Sand, comme *Indiana*, *Lélia* ou *Valentine*, mettent également en scène des jeunes femmes déçues par la vie et par l'amour.

FORÇAT

Dans l'œuvre

Souvent muni d'un surnom (Trompe-La-Mort, Fil de soie, etc.), doté d'un pouvoir qui fait peur, le forçat chez Balzac est près du poète. Vautrin est dans *Le Père Goriot* un forçat emblématique. « *Le bagne avec ses mœurs et son langage, avec ses brusques transitions du plaisant à l'horrible, son épouvantable grandeur, sa familiarité, sa bassesse, fut tout à coup représenté dans cette interpellation et par cet homme, qui ne fut plus un homme, mais le type de toute une nation dégénérée, d'un peuple sauvage et logique, brutal et souple. En ce moment Collin devint un poème infernal où se peignirent tous les sentiments humains, moins un seul, celui du repentir* » (p. 238). Lors de son arrestation, la verve imagée du langage de Vautrin s'exprime enfin : « *[...] ces trois mouchards-là répandaient tout mon raisiné sur le trimar domestique de maman Vauquer* » (p. 237).

Balzac dessine avec Vautrin – et ce sera encore plus vrai dans *Splendeurs et Misères des courtisanes* – une société en marge de la société avec sa propre noblesse, ses propres règles, sa propre solidarité. Ainsi Vautrin fait tuer sur un simple ordre le frère Taillefer par un « ami » : « *Il remettrait Jésus-Christ en croix si je le lui disais. Sur un seul mot de son papa Vautrin, il cherchera querelle à ce drôle qui n'envoie pas seulement cent sous à sa pauvre* sœur, et... » (p. 135). Le forçat exprime souvent la tendance cachée et révoltée, ce que l'on a appelé l'anarchisme de Balzac.

La contre-société des forçats est proche de celle de la police qui emploie le même langage. Les adversaires se tutoient. Vautrin deviendra d'ailleurs, comme Vidocq dans la réalité, le chef de la Sûreté dans *Splendeurs et Misères des Courtisanes*.

Mais, dans *Le Père Goriot*, le vrai forçat n'est pas celui que l'on croit. Les vrais forçats sont tous ceux qui ne sont pas arrivés, qui vivent petitement et n'ont pas compris les rouages de la société. Ceux qui vivent au faubourg Saint-Marceau par exemple sont des galériens de la vie. Ainsi madame Vauquer « *nourrissait ces forçats acquis à des peines perpétuelles, en exerçant sur eux une autorité respectée* » (p. 23).

Rapprochements

Le Père Goriot ne fait que reprendre certaines idées développées antérieurement par Balzac sur la confrérie des voleurs. Il avait écrit ainsi dans le *Code des gens honnêtes ou l'art de ne pas être dupe des fripons* en 1825 : « *Les voleurs forment une classe spéciale de la société, ils contribuent au mouvement de l'ordre social, ils sont l'huile des rouages. Semblables à l'air, ils se glissent partout : les voleurs sont comme une nation à part, au milieu de la nation* », ou : « *Un voleur est un homme rare. La nature l'a conçu en enfant gâté, elle a rassemblé en lui toutes sortes de perfections : un sang-froid imperturbable, une audace à toute épreuve, l'art de saisir l'occasion si rapide et si lente, la prestesse, le courage, une bonne constitution, des yeux perçants, des mains agiles, une physionomie heureuse et mobile.* » Depuis *Les Brigands* de Schiller (1781), le thème du hors-la-loi est à la mode. Ainsi, *Jean Sbogar* de Nodier en 1818 met en scène un bandit mystérieux qui oppose à la société et à son ordre historique une contre-société fondée sur la vraie nature. Dans *Splendeurs et Misères des courtisanes* écrit en 1847, Balzac retrouve le monde des forçats et en fait une peinture haute en couleurs.

C'est probablement une combinaison des caractères de Goriot et de Vautrin qui a inspiré le Jean Valjean des *Misérables*. Surnommé Jean-le-Cric, le Jean Valjean qui écope de dix-neuf ans de bagne pour le vol d'un pain était normalement destiné comme Vautrin à travailler à la perte de la société : « *Le point de départ comme le point d'arrivée de toutes ses pensées était la haine de la loi humaine ; cette haine qui, si elle n'est arrêtée dans son développement par quelque incident providentiel, devient, dans un temps donné, la haine de la société, puis la haine du genre humain,*

Mariage

Dans l'œuvre

Dans *Le Contrat de mariage*, Balzac montre que le mariage dans la société de la Restauration est une transaction dont personne ne doit être dupe. C'est pour cette raison que Delphine de Nucingen accuse son père de l'avoir trompée, puisque son mariage la ruine. Dans ce cadre, les rapports sexuels à l'intérieur du mariage sont amalgamés à une sorte de prostitution : « *Le mariage est pour moi la plus horrible des déceptions, je ne puis vous en parler : qu'il vous suffise de savoir que je me jetterais par la fenêtre s'il fallait vivre avec Nucingen autrement qu'en ayant chacun notre appartement séparé* » (p. 173), s'écrie Delphine. Le mariage balzacien est donc l'anticouple par excellence.

Le mariage est la plaie de la société. Balzac fustige le mariage inscrit dans le Code civil de 1804 qui repose sur la dépendance féminine, la tyrannie masculine et le mensonge. Ainsi l'article 213 du Code proclame : « *Le mari doit protection à sa femme, la femme obéissance à son mari* » ; l'article 217 précise : « *La femme, même non commune ou séparée de biens, ne peut donner, aliéner, hypothéquer, acquérir à titre gratuit ou onéreux, sans le concours du mari, dans l'acte ou son consentement par écrit.* » Le problème du mariage ne relève plus de la vie privée mais du social et du politique, et Goriot s'écrie sur son lit de mort : « *Pères, dites aux chambres de faire une loi sur le mariage !* » (p. 319).

Rapprochements

Le plus important théoricien du mariage est Balzac lui-même qui, en 1829, avait fait paraître de manière anonyme une *Physiologie du mariage* qui avait connu un grand succès. Ce traité analysait, de manière amusante, les raisons pour lesquelles une femme ne peut manquer de commettre l'adultère et suggérait au mari toutes les façons possibles d'éviter ce « *désagrément* » appelé le « *minotaurisme* ». Balzac déclarait avant tout autre : « *Les fautes des femmes sont autant d'actes d'accusation contre l'égoïsme, l'insouciance et la nullité des maris.* » Ces théories ont trouvé grand écho dans les romans de George Sand des années 1830. *Jacques*, ainsi, est un plaidoyer vibrant contre le mariage, dont le héros écrit : « *Je n'ai pas changé d'avis, je ne me suis pas réconcilié avec la société, et le mariage est toujours, selon moi, une des plus barbares institutions qu'elle ait ébauchées.* »

PROVINCE

Dans l'œuvre

Balzac est le premier romancier à faire de la province l'objet même de la narration. Mais, dans *Le Père Goriot*, la province n'est là que comme un arrière-plan, espace de pureté où les sentiments sont généreux. C'est le lieu où vit la famille heureuse, c'est le lieu où s'exile madame de Beauséant, c'est le lieu d'où partent la jeunesse et les capacités vers Paris. Il s'agit ici d'une sorte de paradis perdu bien distinct du Paris « enfer ». C'est aussi le lieu de l'illusion. De Rastignac, le narrateur dira : « *Ses illusions d'enfance, ses idées de province avaient disparu.* »

Pourtant, la maigre terre des Rastignac ne suffit pas à fournir la dot des sœurs. Les lettres des sœurs et de la mère laissent voir une société étriquée, et Vautrin ne se prive pas de railler cet univers provincial. Rastignac lui-même a les yeux ouverts après une première année passée à Paris : « *L'aspect de cette constante détresse qui lui était généreusement cachée, la comparaison qu'il fut forcé d'établir entre ses sœurs, qui lui semblaient si belles dans son enfance, et les femmes de Paris, qui lui avaient réalisé le type d'une beauté rêvée, l'avenir incertain de cette nombreuse famille qui reposait sur lui, la parcimonieuse attention avec laquelle il vit serrer les plus minces productions, la boisson faite pour sa famille avec les marcs du pressoir, enfin une foule de circonstances inutiles à consigner ici décuplèrent son désir de parvenir et lui donnèrent soif des distinctions* » (p. 40).

La province est conçue comme un paradis passé, parce que du passé. *Le Père Goriot* s'appuie sur une opposition radicale Paris-province / enfer moderne-paradis perdu.

Rapprochements

En même temps qu'ils ont découvert la province, les romanciers du XIXe siècle l'ont révélée, inventée en la faisant monter sur la scène littéraire. L'arrachant aux atlas de géographie, ils ont fait de cette circonscription territoriale un lieu de prédilection du royaume des lettres. Avec *Eugénie Grandet* et sa description célèbre de la ville de Saumur, l'année précédant la parution du *Père Goriot*, Balzac est l'un des premiers à utiliser le thème de la province dans le registre du réalisme. Comme l'explique Nicole Mozet dans *Balzac au Pluriel* (éditions PUF, 1990) : « *À partir du moment où le roman décide de ne plus se nourrir exclusivement d'exceptionnalité mais de se hasarder dans les zones dangereuses du répétitif, la province devient une terre de rêve pour l'amateur de mesquin et de bête.* » En fait, les romanciers hésitent souvent entre la satire et le repérage d'un nouveau pathétique pour le roman. Les *Illusions perdues* de Balzac en sont un premier exemple. Cette hésitation culminera avec *Madame Bovary* de Flaubert ou *Une vie* de Maupassant.

Au XXe siècle, la « littérature de province » se rapprochera du régionalisme avec Giono, Pagnol, Mauriac...

SŒURS

Dans l'œuvre

Il existe dans *Le Père Goriot* deux couples antithétiques de sœurs : les sœurs Goriot et les sœurs Rastignac. Delphine et Anastasie, les mauvaises sœurs, détruisent le père par leur haine mutuelle. Comme l'explique la vicomtesse de Beauséant : « *Il existe quelque chose de plus épouvantable que ne l'est l'abandon du père par ses deux filles qui le voudraient mort. C'est la rivalité des deux sœurs entre elles* » (p. 96). L'autre couple de sœurs, Laure et Agathe, est généreux, soudé, emblématique et comme équilibré par l'élément masculin, le frère. Rastignac, pour qui ses sœurs se sacrifient, s'écrie : « *Le cœur d'une sœur est un diamant de pureté, un abîme de tendresse !* » (p. 103). En fait, cet éclatement de la fonction sororale, à la fois élément positif et négatif, s'explique par le tiraillement entre l'élément autobiographique et l'élément intertextuel. Balzac, qui a entretenu toute sa vie une relation d'exception avec sa sœur Laure, met souvent en scène des sœurs exemplaires comme Ève de Rubempré dans *Illusions perdues*. L'intrigue et l'influence intertextuelle perturbent dans *Le Père Goriot* ce schéma personnel de Balzac. L'influence du *Roi Lear* de William Shakespeare, notamment, motive l'apparition des mauvaises sœurs. Le personnage de Cordélia, la bonne fille, la bonne sœur, disparaît dans *Le Père Goriot* ou au moins n'est qu'esquissé, que distancié dans les personnages de Laure et d'Agathe de Rastignac, de Victorine Taillefer.

4. LES THÈMES MAJEURS DE L'ŒUVRE

Rapprochements

Ce thème de la bonne et de la mauvaise sœur vient directement du conte et du mythe où, de Cendrillon à Antigone, des Parques aux Euménides ou aux Gorgones, le monde se répartit entre la bonne et la mauvaise « sororité », la sœur jalouse et la sœur serviable, probablement deux tentations du schéma familial.

Comme les Gorgones, les sœurs dans la tradition du mythe sont souvent trois. Cendrillon doit se battre contre ses deux sœurs pour séduire le prince comme Cordélia pour reconquérir la tendresse du père. Ce thème des trois sœurs, éclaté comme nous l'avons vu dans *Le Père Goriot,* se retrouve atténué dans *Les Misérables* avec les trois sœurs Thénardier.

CINQUIÈME PARTIE

LE TEXTE
À
L'EXAMEN

5. LE TEXTE À L'EXAMEN

ÉTUDE DE TEXTE

L'ENTERREMENT DU PÈRE GORIOT

« Cependant, au moment où le corps fut placé dans le corbillard, deux voitures armoriées, mais vides, celle du comte de Restaud et celle du baron de Nucingen, se présentèrent et suivirent le convoi jusqu'au Père-Lachaise. À six heures, le corps du père Goriot fut descendu dans sa fosse, autour de laquelle étaient les gens de ses filles, qui disparurent avec le clergé aussitôt que fut dite la courte prière due au bonhomme pour l'argent de l'étudiant. Quand les deux fossoyeurs eurent jeté quelques pelletées de terre sur la bière pour la cacher, ils se relevèrent, et l'un d'eux, s'adressant à Rastignac, lui demanda leur pourboire. Eugène fouilla dans sa poche et n'y trouva rien, il fut forcé d'emprunter vingt sous à Christophe. Ce fait, si léger en lui-même, détermina chez Rastignac un accès d'horrible tristesse. Le jour tombait, un humide crépuscule agaçait les nerfs, il regarda la tombe et y ensevelit sa dernière larme de jeune homme, cette larme arrachée par les saintes émotions d'un cœur pur, une de ces larmes qui, de la terre où elles tombent, rejaillissent jusque dans les cieux. Il se croisa les bras, contempla les nuages, et le voyant ainsi, Christophe le quitta.

Rastignac, resté seul, fit quelques pas vers le haut du cimetière et vit Paris tortueusement couché le long des deux rives de la Seine, où commençaient à briller les lumières. Ses yeux s'attachèrent presque avidement entre la colonne de la place Vendôme et le dôme des Invalides, là où vivait ce beau monde dans lequel il avait voulu pénétrer. Il lança sur cette ruche bourdonnant un regard qui semblait par avance en pomper le miel et dit ces mots grandioses : – À nous deux maintenant !

Et pour premier acte du défi qu'il portait à la Société, Rastignac alla dîner chez madame de Nucingen. »

INTRODUCTION

Le texte narre l'enterrement du père Goriot aux frais de Rastignac et les conclusions que celui-ci tire de l'expérience. Le roman se clôt avec la mort du père Goriot. Mais cette fermeture est aussi une ouverture vers le reste de *La Comédie humaine* avec le défi de Rastignac.

L'axe de notre lecture méthodique sera de montrer que par ce texte final s'effectue le passage d'un relais de Goriot à Rastignac. Le roman accentue sa double polarité, à la fois récit de la Passion d'un père mais aussi roman d'initiation d'un fils.

LA PASSION D'UN PÈRE

L'ensemble de la cérémonie se fait sous le signe du vide et du trop peu, montrant que le père Goriot redevient ce qu'il a toujours été, un homme de peu, un père qui ne compte pas. Vides sont les voitures armoriées qui soulignent dans une dernière image que la haute société est le règne de l'apparence. Ce sont des domestiques qui entourent le cercueil, qui plus est en service commandé et s'éclipsant dès que possible. Les pelletées jetées sur le cercueil sont peu nombreuses. Les poches de Rastignac sont vides. La prière est « courte ». L'ensemble de la cérémonie est bâclée, hâtive. Le narrateur insiste d'ailleurs sur ces étapes temporelles par des propositions circonstancielles de temps qui rythment le passage : « au moment où », « aussitôt que », « quand les deux fossoyeurs »... L'enterrement se déroule selon un rituel rapide qui semble empêcher toute émotion. Même la larme de Rastignac est significativement motivée par un fait presque anecdotique.

L'enterrement se déroule sous le signe de l'argent, de l'intérêt : la prière est achetée, les fossoyeurs demandent un pourboire, mot incongru dans ces circonstances. Dans un autre roman de Balzac, *Illusions perdues,* le héros, Lucien de Rubempré, sera forcé, pour payer l'enterrement de sa compagne, Coralie, de composer dans la nuit de sa mort quelques chansons à boire.

Au clergé corrompu et critiqué par le narrateur s'oppose la larme de Rastignac qui, elle, va directement aux cieux. Pour ce « *Christ de la Paternité* », Rastignac pourrait être le bon larron. Remarquons d'ailleurs que Christophe, l'autre âme charitable de cet enterrement, justifie à ce stade ultime du roman son prénom : il est bien celui qui porte le Christ. Tous les verbes qui s'appliquent au père Goriot sont au passif. Il a rejoint son essence d'objet, objet de souffrance, et ce passage constitue comme l'allégorie de sa Passion. Mais, pour lui, aucune résurrection n'est possible.

LA DERNIÈRE LARME DE RASTIGNAC

Cette cérémonie expédiée a dramatiquement un sens. Elle est aussi l'occasion de la dernière larme de jeune homme de Rastignac (dans l'ensemble du roman, Eugène s'était d'ailleurs caractérisé par sa propension lacrymale) et de son défi à la société. La construction du texte en diptyque permet de passer de la tombe à Paris. L'enterrement du père Goriot est bien la dernière initiation de Rastignac.

L'ensemble du passage est structuré idéologiquement selon une opposition haut / bas. Si la pension Vauquer était assimilée, au début du roman, aux catacombes de Paris, c'est significativement du haut du Père-Lachaise et en surplombant Paris que Rastignac va pouvoir lancer son défi : tel est le sens de la position hiératique que prend le héros délaissé par Christophe. En bas, le corps sacrifié du père Goriot ; en haut, Rastignac qui assimile dans une même position dominatrice le martyr abattu et la cité à vaincre.

Le lyrisme qui transparaît dans l'énumération ternaire autour du mot « *larme* », qui s'élargit à la fois rythmiquement et cosmiquement, est annulé par la parodie de texte romantique. Il y a une théâtralisation du défi qui s'exprime d'ailleurs par le discours direct, lequel, malgré le décor grandiose, ne peut que susciter une mise à distance du lecteur. Chaque époque a les héros et l'initiation qu'elle mérite.

Rastignac est maintenant seul face à la ruche. Tous ses initiateurs ont quitté la scène. De sa position lointaine, Rastignac domine Paris, mais c'est pour mieux se préparer au corps à corps. La ville est d'ailleurs décrite comme une courtisane lascive : « *Paris tortueusement couché le long des deux rives de la Seine.* » Les symboles érotiques que constituent la colonne de la place Vendôme et le dôme des Invalides sont clairs. Le champ lexical de la volupté est présent avec « *avidement* », le dîner ou la métaphore du miel.

À ce stade du roman, Delphine n'est plus que madame de Nucingen, c'est-à-dire un moyen d'arriver. Lié avec elle par un lourd secret, Rastignac – que Balzac n'appellera plus Eugène – vient d'affronter sa dernière épreuve. Ce n'est plus un adolescent mais un adulte qui sort du Père-Lachaise. La mort du Père le délivre. Il est maintenant libre, sans attache, et le monde s'ouvre à lui.

CONCLUSION

La construction du texte en diptyque éclaire le roman et invite à s'interroger sur le déplacement du rôle du héros. Le titre annonçait un héros : Goriot. À la fin du roman, il passe la main. C'est Rastignac qui tire les leçons et les bienfaits de cette mort. Même si Rastignac n'est pas, comme Goriot, un monomane gâté par une passion, Balzac le tire cependant vers le contre-héros en montrant dans l'ultime phrase la petitesse des ambitions et des moyens choisis finalement par le jeune homme.

SUJETS D'ENTRETIEN

LA DESCRIPTION DANS LE PÈRE GORIOT

L'une des descriptions les plus connues de la littérature française ouvre le roman. C'est d'ailleurs dans cette ampleur l'une des seules du roman. Balzac ensuite se contentera d'ébaucher la description de certains détails chez les Restaud, chez les Nucingen ou chez les Beauséant par exemple.

On a fait de Balzac l'un des maîtres de la description, et cet argument a suffi pour en faire un précurseur du réalisme. Il s'agira, dans l'entretien suivant, de montrer que la description dans *Le Père Goriot* a d'autres impératifs que le seul souci réaliste.

UN SOUCI EXTRÊME DE RÉALISME

Balzac ouvre son roman par la notation « *All is true* », et la volonté de faire vrai le pousse à une certaine précision descriptive que l'on peut aisément remarquer, notamment dans la description liminaire de la pension Vauquer.

Le souci extrême du détail et une précision de scientifique dans la description

Par exemple, l'odeur de pension (pp. 10-11) : « *Peut-être pourrait-elle se décrire si l'on inventait un procédé pour évaluer les quantités élémentaires et nauséabondes qu'y jettent les atmosphères catarrhales et* sui generis *de chaque pensionnaire* […]. »

Le souci référentiel avec les noms propres

La description place toujours le lieu décrit dans un endroit géographique précis. La rue Sainte-Geneviève et la rue du Helder authentifient le lieu décrit.

Une enquête de terrain

Balzac est le premier écrivain à prôner une enquête sur le terrain. La pension Vauquer (voir résumé commenté, pp. 22-23) est probablement l'amalgame de plusieurs lieux fréquentés par

Balzac. Quant aux salons du faubourg Saint-Germain, ils s'étaient ouverts à Balzac grâce à la marquise de Castries. Toutes les descriptions proviennent du vécu.

La référence au naturaliste (la dédicace)

Avec Geoffroy-Saint-Hilaire, la dédicace place le roman sous l'égide d'un fameux naturaliste. Il s'agit de répertorier toute une société de la façon la plus précise. La description et la typologie sont les instruments du naturaliste comme de l'écrivain.

LA DESCRIPTION : APPEL AU LECTEUR

La description n'est pas pur exercice de style, simple souci de retranscription du réel. Elle requiert un lecteur complice, attentif, non pressé.

L'humour dans la description

Elle suscite la complicité. Balzac se laisse d'abord toujours voir dans la description.
Exemple : allitérations comiques dans la description de la pension Vauquer (voir dans résumé commenté, p. 24).

La « sursignifiance » de chaque détail

Il n'y a pas de détail insignifiant mais des détails à décoder. La description a toujours chez Balzac une signification symbolique que le lecteur, complice, doit interpréter.
Exemple : le vernis écaillé de la statue où « *les amateurs de symboles découvriraient peut-être un mythe de l'amour parisien* […] » (p. 8).
Autre exemple : la baignoire et le passage dérobé chez la comtesse de Restaud sont à comprendre comme le signe d'un intérieur peu clair (encore roturier, l'ensemble manque de classe), d'un certain désordre intime (on contemple les dessous de la comtesse) et de secrets de famille.

LA DESCRIPTION : CODE À DÉCRYPTER

La très grande description d'attaque du *Père Goriot* fournit un code à partir duquel tous les autres lieux du roman pourront être décryptés.

Le principe d'économie

Cette description envahissante de la pension Vauquer répond, selon la formule de Françoise van Rossum-Guyon, à un principe d'économie : « *De même, en effet, que le quartier horrible et inconnu du faubourg Saint-Marceau s'oppose ensuite aux beaux quartiers de la Chaussée-d'Antin et du faubourg Saint-Germain comme l'ignoble salon de madame Vauquer aux "salons dorés" de la comtesse de Restaud et de la vicomtesse de Beauséant, la maison de madame Vauquer et de ses misérables pensionnaires s'oppose aux demeures des aristocrates et des banquiers. Or, parce qu'il a mis en place, d'entrée de jeu, un système d'exploration et de déchiffrement de ce lieu primordial : la maison, l'auteur peut faire appel à ce même système pour décrire les autres lieux* » (préface de Françoise Rossum-Guyon, p. XVI, coll. « Le Livre de Poche », LGF, 1983).

Le principe de comparaison

Tout comme Rastignac, le lecteur est invité à utiliser de façon active le principe de comparaison.

Exemple : la porte bâtarde de la pension permet de comprendre la magnificence des portes cochères qui s'ouvrent et se ferment devant Rastignac dans le faubourg Saint-Germain. Ce détail suffit à poser la contradiction des deux lieux. Plus besoin d'une longue description de l'hôtel particulier : la porte de l'hôtel de la vicomtesse de Beauséant donne déjà l'image d'une anti-pension Vauquer.

En quoi les personnages du Père Goriot sont-ils des héros de la solitude ?

Pierre Barbéris écrit dans *Le Monde de Balzac* : « *La Comédie humaine est une épopée de l'égoïsme et de la séparation. Aucun personnage n'y obéit à autre chose qu'à lui-même, défini comme appartenant à un ensemble mais uniquement à partir d'intérêts qui l'opposent aux autres hommes.* » Dans *Le Père Goriot*, tous les personnages semblent incarner des formes variées de solitude pour des raisons romanesques, idéologiques, narratives.

DES INDIVIDUS SOLITAIRES

Tous les personnages du *Père Goriot* sont des **individus seuls, des solitaires**. Nulle solidarité ne réunit, ni n'unit les personnages du roman. La pension Vauquer est le lieu paradoxal même de l'absence de solidarité : « *Toutes* [les personnes de la pension] *avaient les unes pour les autres une indifférence mêlée de défiance qui résultait de leur situation respective.* » Le père Goriot est abandonné par ses filles, Vautrin est le hors-la-loi solitaire, Eugène de Rastignac, parti du giron familial, sur la colline du Père-Lachaise, se retrouve désespérément solitaire.

Toutes les solidarités élémentaires sont rompues :
– la solidarité familiale : les deux sœurs se haïssent entre elles ;
– la solidarité amicale : la duchesse de Langeais et la vicomtesse de Beauséant s'écorchent à qui mieux mieux ;
– la solidarité du couple : les Restaud et les Nucingen se déchirent ;
– la solidarité des amants : le marquis d'Ajuda-Pinto trahit sa maîtresse.

LA LOI DU CHACUN POUR SOI OU « SE MANGER COMME DES ARAIGNÉES DANS UN POT »

La loi qui régit le monde et les rapports sociaux est la **loi de la jungle**. Vautrin la définit « *comme la loi qui veut que l'on se mange comme des araignées dans un pot* ». La vicomtesse de Beauséant conseille à Rastignac : « *N'acceptez les hommes et les femmes que comme des chevaux de poste que vous laisserez crever à chaque relais, vous arriverez ainsi au faîte de vos désirs.* » Balzac définit ainsi son approche de la société de la Restauration.

Toutes les grandes destinées du roman se font d'ailleurs sur le **mode de l'incommunicable**, de l'impartageable : Vautrin part en cellule, la vicomtesse part en exil, le père Goriot meurt. « *Moi, je suis en enfer, et il faut que j'y reste* » (p. 305), dit Rastignac à Bianchon.

DES HÉROS CONSTRUITS COMME DES TYPES

Balzac opère en 1834, dans une lettre à madame Hanska, une célèbre distinction entre type et individu : « *Ainsi, dans les* Études de mœurs *sont les individualités typisées ; dans les* Études philosophiques, *les types individualisés. Ainsi, partout j'aurai donné la vie : au type, en l'individualisant ; à l'individu en le typisant.* »

Chaque individu construit comme un type est réduit, littérairement parlant, à sa seule expression. Nul frère jumeau de Rastignac dans le roman, parce que Rastignac narrativement suffit à représenter son type. Les deux sœurs, si elles réunissent le trait commun de l'ingratitude, incarnent deux types différents de réussite sociale. Elles sont structurées, narrativement parlant, comme tous les personnages du roman, pour rester rivales, donc seules. C'est l'unicité des personnages qui fait la solitude des héros.

Le temps dans Le Père Goriot

Le récit balzacien sait jouer avec le temps tout en gardant une extrême simplicité. Sous l'apparence d'un récit classique qui suivrait chronologiquement l'intrigue, Balzac utilise la temporalité dans son roman de façon extrêmement personnelle, variant les tempos aussi bien pour le plaisir du lecteur que pour la nécessité de l'intrigue. La présence de l'Histoire est repérable dans les quelques retours en arrière de la narration. L'importance du temps historique se révèle dans ce traitement particulier.

LE DÉROULEMENT DE L'HISTOIRE

En apparence, le traitement de la temporalité est classique, chronologique et logique.

Des marques de temporalité exhibées

Le drame se déroule de novembre 1819 à février 1820, donc au début de la Restauration. Le texte est rythmé par des repères chronologiques qui exhibent la volonté de précision et de réalisme.

Une chronologie respectée

À quelques exceptions près sur lesquelles nous reviendrons, la chronologie est respectée. La narration se déroule sur un rythme classique. Des étapes dans le récit peuvent être clairement distinguées.

– « *En 1819, époque à laquelle ce drame commence* » : la première journée avec le retour du bal, la deuxième journée avec le repas à la pension qui motive l'emploi du temps de la troisième journée et les deux visites constituent un ensemble.

– Ce premier ensemble est suivi d'une période indifférenciée jusqu'à l'arrivée, le premier jeudi de décembre 1819, de l'argent de province. Suit une période assez détaillée de quatre jours jusqu'au bal de la duchesse de Carigliano puis de nouveau une chronologie imprécise durant laquelle on apprend que Rastignac n'est pas plus avancé que le premier jour avec Delphine.

– Du 12 février au 21 février, le narrateur nous donne le détail de journées chargées qui comprennent notamment l'arrestation de Vautrin, le bal chez la vicomtesse de Beauséant, la mort de Goriot.

LE TEMPO DE LA NARRATION

Selon l'expression de Christian Metz citée par Gérard Genette : « *Le récit est une séquence deux fois temporelle : il y a le temps de la chose-racontée et le temps du récit (temps du signifié et temps du signifiant). Cette dualité [...] nous invite à constater que l'une des fonctions du récit est de monnayer un temps dans un autre temps* » (*Figures III*, Seuil, 1988).

Les vitesses de narration

Balzac alterne les vitesses de narration entre accélération et ralenti. Il varie entre la description (pause), la scène (narration en temps réel où le dit pourrait coïncider avec le raconté), le récit sommaire et l'ellipse.

– La description liminaire de la maison Vauquer est une suspension dans le temps de l'intrigue, une pause durant laquelle le narrateur explicite la situation de départ. Tous les personnages sont alors décrits absolument comme hors du temps.

– Les scènes de repas à la pension Vauquer, scènes éminemment théâtrales, sont des moments où le temps du récit coïncide avec le temps de l'intrigue.

– Les récits sommaires constituent des accélérations subites du récit. En quelques lignes, le narrateur évoque plusieurs semaines de la vie du héros. Les progrès de Rastignac dans les salons sont ainsi rapidement énoncés.

– Les récits elliptiques. Dans ce cas, le récit ne laisse aucune place à un événement d'importance. Par exemple, la scène où Delphine et Eugène deviennent amants est éludée. Le lecteur attentif voit par quelques allusions au bonheur des deux héros (p. 265), par le tutoiement des amants que leurs relations ont varié après la journée du 16 février 1820. Mais le récit de cette expérience n'est pas fait.

Le souci de la variété

C'est autant pour les nécessités de l'intrigue (il est nécessaire de poser le décor), que par souci de variété, comme le souligne Claudine Vercollier dans « Le Temps dans le Père Goriot » qu'alternent les vitesses de narration : « *Chaque partie a son rythme propre. Si, pour la majeure partie du roman (le début de la première partie excepté), l'unité de temps est la journée, par la façon dont sont décrites ces journées, par les changements de rythme, toute monotonie est évitée : après une longue partie descriptive où le temps semble figé, comme il l'est à la pension Vauquer, le récit est embrayé par l'entrée d'Eugène dans le monde de la haute société parisienne. À partir de ce moment se produit un mouvement d'accélération : le temps passe de plus en plus rapidement pour Eugène qui n'a plus conscience que de ce qui n'est pas la pension Vauquer. Dans la troisième partie, le temps est morcelé, les différentes journées n'étant pas vues à partir d'un seul personnage. Cela crée un sentiment d'incohérence qui correspond à la situation dans laquelle se trouvent les différents personnages victimes de coups de théâtre, d'événements imprévisibles. La quatrième partie, par contre, forme un tout qui traduit par l'enchaînement des cinq journées la lenteur de l'agonie de Goriot* » (*L'Année balzacienne*, 1978).

Tempo et théâtralité

Enfin le tempo souligne la ressemblance avec le théâtre. Le rythme net (exposition, crise, dénouement) a été souvent souligné comme étant celui de la tragédie.

TEMPS ET HISTOIRE

Malgré le déroulement chronologique, Balzac n'hésite pas à pratiquer le retour en arrière.

Les retours en arrière ou analepses

Quelques retours en arrière perturbent la chronologie, le récit de la duchesse de Langeais (p. 93), l'enquête de Rastignac sur le père Goriot (p. 105)... C'est dans ces récits que se situe tout le contexte historique révolutionnaire.

La présence de l'Histoire

La Révolution, cause même de la société qui est en enjeu dans le texte, est évoquée dans ces textes analeptiques. Ce temps passé se trouve enfoui dans un texte analeptique, sous-texte qui éclaire l'actualité. Là se trouve utilisé un vocabulaire spécifique, celui de l'Histoire même : « *président de sa section pendant la Révolution* », « *Comité de Salut Public* », les « *coupeurs de têtes* », « *l'Empire* », « *Buonaparte* », « *les Bourbons* », etc. (pp. 93-94). Toute l'Histoire post-révolutionnaire, creuset même du texte, trouve place ici. Le drame intime est éclairé par ces coups de projecteurs rétrospectifs sur l'Histoire.

Quelquefois, ce retour en arrière historique peut se faire de manière infime, prosaïque, presque saugrenu. Madame Vauquer fait partie de ces petits personnages de *La Comédie humaine* qui vivent les bouleversements de l'Histoire à leur niveau : « *Car, vois-tu, nous avons vu Louis XVI avoir son accident, nous avons vu tomber l'Empereur, nous l'avons vu revenir et retomber, tout cela c'était dans l'ordre des choses possibles ; tandis qu'il n'y a point de chance contre des pensions bourgeoises : on peut se passer de roi, mais il faut toujours qu'on mange* [...] » (p. 258).

LE THÉÂTRE DANS LE PÈRE GORIOT

Balzac a toujours été tenté par l'écriture théâtrale, faisant, comme tant d'autres, de la scène le lieu privilégié de la consécration. Ce désir de théâtre sera marqué par l'échec. Notamment une pièce de théâtre nommée *Vautrin* connaît en 1840 un four après une représentation unique.

Le théâtre habite pourtant *Le Père Goriot* aussi bien comme thématique que comme technique.

~ FRÉQUENTER LE THÉÂTRE

À chacun son théâtre

La fréquentation du théâtre est, au début du XIXe siècle, l'un des impératifs de la société parisienne.

Mais, à chaque société son théâtre. La haute société (les Beauséant, les Nucingen...) se rend aux Italiens (le mardi, le jeudi et le samedi) ou aux Variétés. Les gens du peuple vont, comme Madame Vauquer et Vautrin, assister sur le boulevard à un mélodrame au Théâtre de la Gaîté.

Le théâtre, lieu pour voir et être vu

Le théâtre – Montesquieu nous l'avait déjà montré dans ses *Lettres persanes* – est un lieu où le public est en scène. Rastignac en fait l'expérience lors de sa première sortie dans la loge de madame de Beauséant : « *Quelques moments après, il fut emporté près de madame de Beauséant, dans un coupé rapide, au théâtre à la mode, et crut à quelque féerie lorsqu'il entra dans une loge de face, et qu'il se vit le but de toutes les lorgnettes concurremment avec la vicomtesse dont la toilette était délicieuse. Il marchait d'enchantements en enchantements* »(p. 146). D'ailleurs, dans cette scène, le lecteur apprend que « *le premier acte était fini* » sans qu'à aucun moment, la focalisation narrative ne se soit portée ailleurs que dans la salle.

LE THÉÂTRE DU MONDE

En société également, il faut jouer pour arriver et être en représentation perpétuelle.

Les règles du jeu

Le monde est une scène où il faut apprendre à cacher ses émotions. La vicomtesse de Beauséant conseille à Rastignac : « *Mais si vous avez un sentiment vrai, cachez-le comme un trésor ; ne le laissez jamais soupçonner, vous seriez perdu. Vous ne seriez plus le bourreau, vous deviendriez la victime* » (p. 96).

Les jeux du cirque

Le dernier bal de la vicomtesse de Beauséant est l'illustration de ce règne de l'apparence. C'est à la mise à mort du cirque que veut assister la haute société. Tout Paris se précipite pour voir à terre la vicomtesse qui garde ses larmes pour l'exil : « *[...] les plus insensibles l'admirèrent, comme les jeunes Romaines applaudissaient le gladiateur qui savait sourire en expirant* » (p. 300).

Rastignac essuie sa dernière vraie larme en haut du Père-Lachaise. Dorénavant, il jouera la comédie du monde et se prépare à aimer sur commande.

LE THÉÂTRE : TECHNIQUE NARRATIVE

Influencé par le théâtre, Balzac aime à troubler le genre romanesque par quelques procédés issus du théâtre (mélodrame, comédie ou tragédie).

Le dialogue théâtral

Balzac ne craint pas d'entrecouper son roman de longs passages dialogués en discours direct, quelquefois familiers. Les scènes de dîner de la pension Vauquer, extrêmement vivantes, entrecoupées de didascalies, pourraient très bien être interprétées sur scène. La dramatique de Jean-Louis Bory, réalisée en 1972, respecte d'ailleurs parfaitement les dialogues originaux.

Une histoire construite comme une tragédie

– Balzac n'hésite pas à employer des techniques de la scène pour structurer son roman. Il utilise des termes théâtraux pour caractériser son texte : « *Ici se termine l'exposition de cette obscure, mais effroyable tragédie parisienne* » (p. 110), ou : « *[...] époque à laquelle ce drame commence* » (p. 5).

– Balzac construit son roman comme une tragédie avec exposition, préparation de la crise, dénouement. Ces étapes se retrouvent clairement dans le schéma narratif (*cf.* pp. 39-40).

– Balzac utilise également les techniques du mélodrame lors de l'arrestation de Vautrin où se multiplient les événements les plus improbables dans un laps de temps si court.

SIXIÈME PARTIE

LECTURES DE L'ŒUVRE

CRITIQUES ET JUGEMENTS

AU XIXᵉ SIÈCLE

Le Père Goriot a connu un gros succès public à sa parution mais a été fortement critiqué par la presse.

Nombreuses sont les accusations de plagiat soit d'une pièce de théâtre intitulée *Les Deux Gendres* qui, sous l'Empire, avait remporté un vif succès, soit du *Roi Lear* de Shakespeare. Les journaux traitent ce propos avec plus ou moins d'ironie. Jules Janin, un des journalistes les plus célèbres de ce temps, imagine la lettre suivante :

> *Monsieur, j'ai appris que monsieur de Balzac venait de faire un beau conte où l'on voit un malheureux père accablé par l'ingratitude de ses deux filles auxquelles il a tout donné. Comme depuis longtemps j'ai traité le même sujet, et, je puis le dire sans vanité, avec abondance de larmes et une profonde terreur, je vous écris pour éviter de la part de monsieur de Balzac toute accusation de plagiat.*
>
> L'auteur du Roi Lear, William Shakespeare.
> Jules Janin, *Le Journal des Débats*, 13 avril 1835.

Certains journalistes critiquent la composition du roman :

> *Nous avons eu quelque peine à dégager le sujet principal du livre du milieu des descriptions, des personnages accessoires que monsieur de Balzac a prodigués. Il y a entre autres un certain Vautrin [...]. Cet homme, qui semble d'abord destiné à prendre une part active à l'action, se trouve à la moitié de l'ouvrage être un forçat évadé du nom de Collin et décoré du surnom de Trompe-La-Mort. On l'arrête ; on le reconduit au bagne, et il n'en est plus question.*
>
> *La Quotidienne*, 11 avril 1835.

Beaucoup s'en prennent à l'immoralité du roman :

> *Style de mélodrame, peintures repoussantes, sentiments paternel et filial dénaturés, mœurs du monde badigeonnées d'idées, de langage qui n'a jamais existé, duplicité d'action partagée par l'oubli des règles de l'art entre un vieillard idiot et un héros de bagne, faible contrepartie de Vidocq ; enfin, caractères, localité, discours,*

> *sentiments, tout concourt à faire du* Père Goriot *un véritable tableau d'enseigne, une croûte littéraire dans toute l'acceptation de ce mot.*
>
> Le Voleur, 15 février 1835.

Il faut quelques années avant que le mérite de l'auteur du *Père Goriot* soit complètement reconnu. Le critique et historien Hippolyte Taine écrit :

> *Qui ne voit, à travers les détails qui constituent l'individu et font la vie, l'histoire abrégée du XIXe siècle, les combats d'un homme jeune, pauvre, ambitieux, capable, placé entre l'obéissance et la révolte, voyant d'un côté un père, « le Christ de la paternité », qui meurt sur un grabat infâme, trahi par ses filles et abandonné de tous ; de l'autre, un bandit grandiose, « le Cromwell du bagne », muni de toutes les séductions que le génie, l'occasion et l'expérience peuvent amasser ?*
>
> Hippolyte Taine, *Étude sur Balzac*, 1858.

AU XXᵉ SIÈCLE

Au XXe siècle, les critiques y voient unanimement le chef-d'œuvre de Balzac. En 1936, Thibaudet écrit :

> *Dans l'œuvre de tout écrivain de génie il y en a toujours une qui fait fonction de message profond, et qui se comporte comme une cellule mère. Tout se passe comme si, chez Balzac, cette fonction était tenue par* Le Père Goriot.
>
> Albert Thibaudet, *Histoire de la littérature française de 1789 à nos jours*, Stock, 1936.

François Mauriac dans sa préface du livre de Claude Mauriac, *Aimer Balzac*, en 1945, voit *Le Père Goriot* comme « la porte par où il convient de pénétrer dans La Comédie humaine. Non que Le Père Goriot *domine l'œuvre de Balzac, mais ce roman me paraît en être le rond-point. De là partent les grandes avenues qu'il a tracées dans l'épaisseur de sa forêt d'hommes* ».

Les critiques ne s'interrogent plus sur l'unité du *Père Goriot*. Comme le constate, en 1966, Pierre Citron :

> *Il est finalement un peu vain de se demander si* Le Père Goriot *est un roman de la paternité ou un roman de formation. Certes Balzac a insisté sur la Paternité en faisant figurer le mot « père », dans le titre ; mais si Goriot donne son nom au roman,*

> c'est qu'il est le seul des trois protagonistes dont le destin soit achevé à la fin du livre : ceux de Rastignac et de Vautrin restent ouverts et se prolongeront ailleurs. En réalité, Le Père Goriot est un roman de formation par la paternité, par deux paternités spirituelles faites à la fois de leçons et d'exemples, et que Rastignac rejettera d'ailleurs l'une et l'autre après en avoir assimilé l'enseignement profond qui lui permettra de les dépasser.
>
> Pierre Citron, Préface du *Père Goriot*, Garnier-Flammarion, 1966.

Gérard Gengembre, en 1990, constate finalement la richesse irréductible de l'œuvre :

> Dans cet univers où il faut s'efforcer de ne pas être dupe, le savoir consiste en la découverte des similitudes, et cette structure domine le roman. Un hors-la-loi et une duchesse donnent un point de vue semblable sur le monde, un père au désespoir envisage les mêmes forfaits que le bandit, les filles comme le père sacrifient tout à leur passion, Goriot affirme que sa vie réside dans sa progéniture comme la mère Vauquer la place dans sa pension, à la mort mondaine de madame de Beauséant répond celle plus réelle de Goriot... On pourrait multiplier les exemples : symétries, échos, superpositions foisonnent. Tout renvoie à tout, en une sorte de délire encyclopédique, didactique du même et de l'autre. Le roman se fait totalité, sorte de microcosme dont chaque élément, chaque rapport envoie au macrocosme social. La cohérence profonde du Père Goriot impressionne et fascine.
>
> *Le Père Goriot*, édition de Gérard Gengembre, coll. « Lire et voir les Classiques », Presses-Pocket, 1990.

ADAPTATIONS

ADAPTATIONS THÉÂTRALES

Le 6 avril 1835, deux pièces intitulées *Le Père Goriot* sont créées concurremment l'une au Vaudeville, l'autre aux Variétés. La pièce du Vaudeville, comédie en deux actes mêlée de chants par Ancelet et Paulin, ne fait pas recette et quitte l'affiche après trois représentations. La pièce des Variétés, comédie en trois actes par Théaulon, Decomberousse et Jaime, brillamment interprétée par Bressant (Rastignac) et Vernet (Goriot), est au contraire accueillie avec ardeur. Elle est représentée 53 fois, ce qui pour l'époque est considérable.

Le 24 octobre 1891, Adolphe Tabarant présente au public du Théâtre libre une nouvelle adaptation du roman : *Le Père Goriot,* drame en cinq actes et en prose. Contrairement aux adaptations de 1835, il ne s'agit pas d'un vaudeville, mais d'un drame qui suit scrupuleusement l'intrigue du roman.

Il existe aussi une adaptation d'Émile Vedel que l'on peut dater de 1910-1920. C'est une pièce en trois actes conservée à la Bibliothèque de l'Arsenal et qui offre une réplique à peu près exacte du roman de Balzac : seul le dénouement diffère, puisque Goriot ne meurt pas.

ADAPTATIONS CINÉMATOGRAPHIQUES

– *Le Père Goriot* de Travers Vale, États-Unis, 1915.

– *Le Père Goriot* de Mario Corsi, Italie, 1919.

– *Le Père Goriot* de Jacques de Baroncelli avec Gabriel Signoret (Le père Goriot) et Pauline Carton (mademoiselle Michonneau), France, 1921.

– *Paris at midnight* de Mason Hopper, États-Unis, 1926.

– *Le Père Goriot* de Robert Vernay, avec Pierre Larquey, France, 1944.

– *Karriere in Paris,* de Georg C. Klaren et Hans-Georg Rudolph, RDA, 1951.

6. LECTURES DE L'ŒUVRE

Le personnage de Vautrin a inspiré deux films :
– *Le Galérien,* en six épisodes, de Paul Wegener, qui interprète aussi le rôle, film allemand de 1926.
– *Vautrin,* adaptation de Pierre Benoît, avec Michel Simon, film français de Pierre Billon, 1943.

ADAPTATION TÉLÉVISUELLE

– *Le Père Goriot* de Balzac, collection « Grandes Heures de la télévision », réalisation Guy Jorré, Institut national de l'audiovisuel, dramatique de Jean-Louis Bory, avec Charles Vanel et Bruno Garcin, durée : 1h 45, 1972.

BILANS ET PISTES DE LECTURE

SEPTIÈME PARTIE

QCM — BILANS ET PISTES DE LECTURE

1 L'intrigue du *Père Goriot* a lieu en :

A 1799.
B 1819.
C 1835.

2 Sous quel régime est-on ?

A sous l'Empire.
B sous le règne de Charles X.
C sous la monarchie de Juillet.

3 Dans quelle scène le « pouvoir du nom propre » est-il révélé à Rastignac ?

A chez les Restaud.
B lors d'un repas à la pension Vauquer.
C lors d'une conversation avec Vautrin.

4 Quelle est la scie (plaisanterie) employée lors des dîners de la pension Vauquer ?

A la pension parle en argot de Paris.
B la pension prive le père Goriot de nourriture.
C la pension rajoute le suffixe « *rama* » à certains mots.

5 « *Le monde est un ... Tâchons de rester sur les hauteurs.* » Quel mot emploie la duchesse de Langeais ?

A *marais*.
B *bourbier*
C *trou*.

6 Parmi ces personnages, lequel s'exile à la fin du roman ?

A le père Goriot.
B la vicomtesse de Beauséant.
C le marquis d'Ajuda-Pinto.

7 À quoi Balzac compare-t-il la pension Vauquer au début du roman ?

A à des catacombes.
B à un îlot dans Paris.
C à une léproserie.

8 Qu'est-ce qu'offre Delphine de Nucingen à Rastignac en gage de son amour ?

A une fleur qu'elle avait dans les cheveux lors de leur première rencontre.
B un habit complet qu'il pourra porter lors du bal chez la vicomtesse de Beauséant.
C une boîte à ses armes contenant une montre de Bréguet.

9 Quel sera l'avenir du présent offert par Delphine de Nucingen ?

A il servira à payer les funérailles du père Goriot.
B il sera offert par Rastignac à Victorine Taillefer.
A il sera racheté à Rastignac par le père Goriot.

10 Dans quelles circonstances Victorine Taillefer quitte-t-elle la pension Vauquer ?

A elle se marie à un jeune homme du voisinage.
B dépitée par la tromperie de Rastignac, elle s'enfuit de la pension.
C elle est recueillie par son père à la suite de la mort de son frère.

QCM — AVEZ-VOUS BIEN LU L'ŒUVRE ?

11 Lorsque Rastignac reçoit de l'argent de sa famille, quel est son premier achat ?

A une montre.
B un habit.
C un attelage.

12 Où se trouve le nouvel appartement de Rastignac ?

A rue du Helder.
B rue d'Artois.
C faubourg Saint-Germain.

13 Le jour de la mort du fils Taillefer, quel est l'événement important qui bouleverse la pension ?

A l'arrestation de Vautrin.
B la mort du père Goriot.
C la découverte par Restaud de la vente de ses diamants de famille.

14 Pour quelle raison précise, Anastasie de Restaud ne peut-elle se rendre au chevet de son père le jour de sa mort ?

A elle est retenue par son mari qui veut déshériter ses enfants.
B elle est retenue au lit par un évanouissement.
C elle est chez sa couturière en train d'essayer une robe.

15 « *La société, le monde roulent sur ...* » Sur quelle valeur, repose, pour le père Goriot, la société ?

A *la famille.*
B *la paternité.*
C *la solidarité.*

16 De quel personnage réel, Balzac s'est-il inspiré pour créer le personnage de Vautrin ?

A de Vidocq.
B de Jean Valjean.
C de Mandrin.

17 Quelles paroles célèbres sont prononcées par Rastignac en haut du Père-Lachaise ?

A « *Mon éducation s'achève.* »
B « *À nous deux, maintenant.* »
C « *Allons dîner chez la baronne de Nucingen.* »

18 Dans quelle section de *La Comédie humaine* s'insère *Le Père Goriot* ?

A Scènes de la vie politique.
B Scènes de la vie parisienne.
C Scènes de la vie privée.

Réponses :
1.B ; 2.B ; 3.A ; 4.C ; 5.B ; 6.B ; 7.A ; 8.C ; 9.A ; 10.C ; 11.B ; 12.B ; 13.A ; 14.A ; 15.B ; 16.A ; 17.B ; 18.C.

QCM

BILANS ET PISTES DE LECTURE

1 Quel est l'un des points communs entre Balzac et Rastignac ?

A ils sont tous deux de vieille noblesse.
B ils sont nés la même année.
C ils se ressemblent physiquement.

2 En 1833, Balzac commence une correspondance qui va changer sa vie. Avec qui s'établit ce rapport épistolaire ?

A avec madame Hanska.
B avec la marquise de Castries.
C avec le roi Louis-Philippe.

3 Lequel, parmi ces personnages de Balzac, est un père indigne ?

A le père Grandet.
B le cousin Pons.
C Ferragus.

4 En quelle année, Balzac a-t-il conçu le retour des personnages ?

A en 1819.
B en 1833.
C en 1835.

5 En quelle année, *Le Père Goriot* a-t-il été commencé ?

A en 1819.
B en 1832.
C en 1834.

6 Comment *Le Père Goriot* a-t-il d'abord été publié ?

A en livre.
B en roman-feuilleton.
C dans une revue.

7 À partir de 1832, quelles sont les opinions politiques avouées de Balzac ?

A républicain.
B légitimiste.
C anarchiste.

8 Dans quelle œuvre s'exprime le mieux la position de Balzac sur le mariage ?

A *Mémoires de deux jeunes mariées*.
B *Le Contrat de mariage*.
C *La Physiologie du mariage*.

9 Quelle est la date de naissance de Balzac ?

A 1799.
B 1800.
C 1802.

10 Quelle est la date du décès de Balzac ?

A 1848.
B 1850.
C 1870.

QCM — ÊTES-VOUS AU POINT SUR BALZAC ?

11. Qui Balzac aurait-il appelé sur son lit de mort ?

A Ève Hanska.
B le père Goriot.
C Bianchon.

12. Parmi ces romans, lequel comporte un héros éponyme ?

A *Le Cousin Pons.*
B *Splendeurs et Misères des courtisanes.*
C *La Peau de chagrin.*

13. Quelle société préside Balzac en 1839 ?

A la Société des gens de lettres.
B la Société des légitimistes convaincus.
C la société des romanciers-feuilletonistes.

14. Combien de romans achevés comprend *La Comédie humaine* ?

A 213 romans.
B 91 romans.
C 40 romans.

Réponses :
1.B ; 2.A ; 3.A ; 4.B ; 5.C ; 6.C ; 7.B ; 8.C ; 9.A ; 10.B ; 11.C ; 12.A ; 13.A ; 14.B.

BIBLIOGRAPHIE

ÉDITIONS DU PÈRE GORIOT

Le Père Goriot de Balzac, édition critique par P.-G. Castex, Garnier, 1963.
Le Père Goriot de Balzac, édition préfacée par Pierre Citron, Garnier-Flammarion, 1966.
Le Père Goriot de Balzac, dans le tome III de *La Comédie humaine*, « Bibliothèque de la Pléiade », Gallimard, 1976. Texte présenté, établi et annoté par Rose Fortassier.
Le Père Goriot de Balzac, édition du « Livre de Poche », Préface de Françoise van Rossum-Guyon et Michel Butor, Commentaires et notes de Nicole Mozet, LGF, 1983.
Balzac, Le Père Goriot, Gérard Gengembre, coll. « Textes et contextes », Magnard, 1985.

SUR BALZAC

Pierre Barbéris, *Le Monde de Balzac*, éditions Arthaud, 1971.
Pierre Barbéris, *Mythes balzaciens*, Armand Colin, 1972.
Maurice Bardèche, *Balzac*, Julliard, 1980.
Bernard Guyon, *La Pensée politique et sociale de Balzac*, Colin, 1947.
Pierre-Louis Rey, *La Comédie humaine*, Hatier, 1979.
Annette Rosa et Isabelle Tournier, *Balzac*, collection « Thèmes et Œuvres », Armand Colin, 1992.
André Wurmser, *La Comédie inhumaine*, Gallimard, 1970.

ÉTUDES SUR LE PÈRE GORIOT

Pierre Barbéris, « *Le Père Goriot* » *de Balzac, écriture, structures, significations*, coll. « Thèmes et textes », Larousse, 1972.
Guy Riegert, *Le Père Goriot*, Hatier, 1987.
Dominique Rincé, *Le Père Goriot*, Nathan, 1990.